U0634059

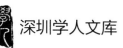

深圳学人文库

The Landscape of American Philanthropy:

From Tradition to Modern

美国公益图谱：
从传统到现代

徐宇珊 朱照南 ◎著

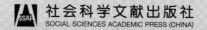

社会科学文献出版社
SOCIAL SCIENCES ACADEMIC PRESS (CHINA)

序一　回应中国年轻人的梦想

十八年前，我的慈善学课堂上出现了第一位来自中国北方的学生，她当时在印第安纳大学攻读慈善研究专业硕士学位。从那时起，我有了越来越多来自中国的学生：他们中有本科生、硕士生、博士生，我还支持了一些中国的访问学者在美国开展研究工作。

我有幸到访过中国四次。第一次旅程从香港开始，接连去了广州和北京的几所著名高校进行交流和举办讲座。我的听众大多是年轻人，他们渴望了解美国的公益行业和志愿服务，其中几名学生随后便来了印第安纳大学继续求学。

我经常思考这样一个问题：为什么中国，特别是中国的年轻人，对美国独特的慈善和志愿服务文化一直如此感兴趣？虽然中国有着悠久的慈善历史，但中国的慈善事业更多由家族和领袖主导，而不是由社区和民众主导。美国的捐赠人和志愿者可以在合法的范围内自由地支持他们关心的议题，但在中国，这些活动受到更多的监管。美国的慈善通常热热闹闹，看上去有些混乱却又不断突破现状；而中国人口广布、历史悠久，其慈善事业更加倾向于维护社会和谐稳定。

简·亚当斯（Jane Addams）是美国慈善事业的先驱，她也一直激励着我们在印第安纳大学的工作。从她著名的提问"我们该如何回应年轻人的梦想呢"中我寻找到了答案。在一个世纪前，她在芝加哥建造新移民的社区中心"赫尔民宿"（Hull House）时意识到，鼓励年轻人——尤其是那些来自富裕家庭的年轻人投身民主社会建设，是回应他们理想主义的最佳方式。

那些在印第安纳大学和其他美国高校的慈善研究专业求学的中国学生，还有那些我在中国的讲座和课堂上遇到的年轻学子，都印证了这个充满智慧的见解。这一代的年轻人将会是被历史铭记的一代，他们享受着前所未有的繁荣，也经历着诸多的未知和劫难。以史为鉴，他们担心未来需要承受的将会更多。

未知向来使人不安，充满挑战。然而，未知也会使那些善良的人、有能力的人和有理想的人通过努力爬上顶峰，证明自己。这些人不仅在政界和商界，他们也存在于不计其数的正式或者非正式的团体里，就像美国前总统（也做过驻华大使）乔治·布什（George H. W. Bush）所说的，他们是可以照亮黑夜的万点星光。他们可以利用的资源不仅包括来自税收和商业的资金，还包括志愿者和捐赠人无偿奉献的时间和捐款。他们为了理想而奋斗，不断学习——这就是那么多的中国年轻人，而不仅仅是一些已有建树的学者，一直在研究美国慈善的原因。

这本书便源自对实现这样一个梦想的渴望。它由与我一同工作过的两名学生和学者一起撰写，旨在向中国读者展示她们认为美国非营利组织中有价值的部分。她们写作本书，并不是为了鼓励模仿，而是为了帮助人们理解在典型的美国社区中公益慈善的运作方式以及探究它在中国运作的可能性：开创一个"具有中国特色的慈善事业"。

公众参与的活力需要被重新唤起，公民需要更多地参与公共事务、回应公共问题，慈善基金需要可信任的代理人——这些都是中国当前正在经历的挑战，并且在未来一段时间内仍需持续关注。道阻且长，但这些任务对中国未来的成功至关重要，值得中国的年轻人在未来的岁月里，用智慧、奉献和努力去不断地进取，努力实现。

"我们该如何回应年轻人的梦想呢？"简·亚当斯问。

提醒他们什么是真正值得追求的，正是这本书的价值所在。

美国印第安纳大学礼来家族慈善学院资深院长顾问

Leslie Lenkowsky

Responding to the Dreams of Chinese Youth

It has now been nearly eighteen years since I taught about philanthropy to my first Chinese student, a woman who had come from Northern China to enroll in Indiana University's Master of Arts in Philanthropic Studies program. Since then, I have had so many more students I cannot count them: undergraduates, Master's students, doctoral candidates, and several visiting faculty members whose work in the United States I sponsored.

I have also been privileged to visit China four times. The first trip began in Hong Kong and included stops at several great Chinese universities in Guangzhou and Beijing, with my audiences mostly being young people, eager to learn about American philanthropy and volunteering. Several subsequently came to Indiana University to study.

I have often asked myself why there was—and still is—such interest in China, especially among its youth, in activities that are so distinctively associated with the United States. Philanthropy has a long history in China, but its context is very different, directed more toward family and leaders than to communities and citizens. American donors and volunteers are largely free to pursue whatever causes they want (within the bounds of legality), while in China, they have to operate under the watchful eye of government and its surrogates. Philanthropy in the United States can often be annoying, disrupting a complacent *status quo*. China places great value on maintaining harmony among its many, far-flung peoples.

I found a clue in a famous question a pioneer of American philanthropy (and an inspiration for us at Indiana University), Jane Addams, used to ask: "How shall we respond to the dreams of youth?" A century ago, when she was creating Hull House, a community center for new immigrants to Chicago, she realized that engaging young people, especially from better-off families, in the hard work of building a democratic society was the best way to respond to their idealism.

I think the Chinese students who have been coming to Indiana University and other schools to study philanthropy, as well as those who go to the lectures and classes in China that I and others have given, reflect the continuing wisdom of this insight. They are part of a generation that has been marked by history. They have already known unprecedented prosperity. But they have experienced uncertainty and disaster as well. If Chinese history is any guide, they fear they might experience a lot more.

Uncertainty is never comforting, and it always has its challenges. But it is in times of challenge that good people, competent people, idealistic people, rise to the top and prove themselves. And they do so not just in government or business, but in the myriad associations-formal and informal-that former U. S. President (and Ambassador to China) George H. W. Bush once called "a thousand points of light." Moreover, they use not just funds from taxes or commerce, but resources of time and money voluntarily given and responsibly managed. To learn how to do that in order to build the China of their dreams (while avoiding the nightmares of its past) is why so many young Chinese-and not a few older ones—have been studying the role philanthropy plays in the United States.

This book is a product of that desire. Written by two students and faculty members I have had the great pleasure to work with, it aims to show Chinese readers what they consider valuable about the nonprofit organizations of the United States. Their intent is not to encourage imitation, but rather, to foster understanding of how philanthropy works in a typical American community and how it might work in China: to help build what one could call "philanthropy with Chinese characteristics".

Reinvigorating the civic health of a nation; engaging the public to meet common needs; being faithful stewards of philanthropic funds—these are important tasks that are already well underway in China and await continued attention and nurture in the years ahead. They are not easy tasks, but they are crucial for China's success in the future, worthy of the talent, dedication, and drive China's young people can bring to them.

"How shall we respond to the dreams of youth?" Jane Addams asked. By reminding them what is really worth dreaming about. This book is a valuable contribution to that goal.

Senior Counsellor to the Dean of the Lilly Family School of

Philanthropy at Indiana University

Leslie Lenkowsky

序　二

在我的心目中，徐宇珊和朱照南是两位学生辈的"小姑娘"，而现今，她们俩居然开始联合写书了。书稿就摆在面前，前沿的话题，国外的事实，不服尽管来读。

转念一想，也正是年轻人特有的心灵触角与学术视野的结合，才使其在国外的社会公益原野，充满兴致地去掬捧那些关于表层事实与深层暗线的公益花朵。一次简单的国外公益行，就足以让一个人滔滔不绝地讲述国外的新鲜见闻，更何况这里的行动者都特别用心，进行系统化的探访和询问，以及学术视角的资料查阅与呼应；转念一想，他们都已经成为领域里的博士研究人员了。

在书中，美国公益领域里的事情被纵剖一百年，全部用具体的案例形式展示出来，给读者一个"人家是如何做的"的实例展现。两位作者用学者的严谨、年轻人的好奇、女性的细腻，将观察到、访谈到的事实汇总一起，真实、形象、可信。

在勾勒公益组织网络化的部分里，组织的案例又具体到美国的一个县域之内，因而又带有一种地域解剖的性质，从而既使我们看到了单个组织是如何运作的，又使我们看到了它们之间的整体关联网络。

最浓重的一笔还在于对公益组织一百年来变化脉络的梳理。从最基础意义上的慈善到社会公众的卷入，从社会公益组织的网络化到社会企业、社会创新、公益创投这些新型公益运作手法的兴起，整体性的变动脉络被系统化地梳理出来。

回眸一看，这不也正是我们国家当前社会公益领域里所发生的事情吗？大洋两岸国家的一个对照与相互呼应，让人更容易开阔视野，对事情的变化发展有一个总体格局上的清晰把握。更何况，人家那里的事情经历了一个更长的变动时期，有着更深远的历史渊源，因而如此的变动更有启发性。

我们还可以将书中阐述出来的事实当作继续研讨的原材料。有的人或许因此得出结论，说公益领域在整体性地成长，并延伸向市场与政府这另外两个部门，形成三部门融合的趋势；还有的人或许会解读出，公益组织越来越需要专业化的解决社会问题的能力，并且看到，在社会创新、公益创投这些新型的概念下，所掩藏的唯一精髓就是要有解决问题的专业能力。

你尽可以有你自己的个性化解读，可以认为本来就没有一套统一的答案甚至统一的表述，也完全可以保留一些不解与思考。而唯一不变的则是，一些事情正在发生着。

北京师范大学社会发展与公共政策学院教授

陶传进

以欣赏的心情阅读并书写

目 录

contents

第四篇　公益慈善新模式

引言 美国公益四百年：从原点到起点

本书的两位作者在美国访学期间，亲自拜访了不少美国非营利机构。我虽然已在美国攻读这个专业几年了，却少有像这两位作者一样走进一线机构。所以在阅读本书的时候，也颇为受教。本书的诸多案例描写得相当细致，并附有作者颇为深刻的思考，耐人细读。这篇所谓的"引言"，算是我在阅读完此书后的一些简单思考，拿出来与此书一起，为读者的思考提供更多的材料。

一 从社会救济到"科学慈善"（Scientific Philanthropy）

一提到"美国公益"，正如我们提到美国的很多东西一样，都是赞不绝口，然而我们最熟悉的马列主义可不这么认为。在马克思、恩格斯的 50 卷著作中[1]，有 34 卷都对资本主义慈善进行了抨击，其中心思想就是：公益慈善只是资本家用于固化底层社会和稳定自己统治地位的工具。马列主义并不无道理。"宗教文化"作为根植于美国公益慈善的属性之一，在美国的殖民地时期影响着慈善的根本目的——上帝创造了社会阶层的秩序，在这样的阶层体系里，穷人位于底层，他们虽然劳苦，但都是在为上帝服务；精英位于社会上层，他们享受着诸多特权；在这样的体系里，贫困是无法也无须根除的，因为人类只有经受贫困和痛苦才能得以救赎。[2] 以贵格会

---

[1] Marx, K. , & Engels, F. , *Karl Marx, Frederick Engels: Collected Works*, New York: International Publishers, 1975.

[2] Trattner, W. I. , *From Poor Law to Welfare State: A History of Social Welfare in America* (6 Sub edition), New York: Free Press, 1998, p. 16.

（Quakers）为例，他们认为慈善行为对于他们的意义主要就是维护教会在社会中的地位。[1]

从历史发展来看，美国慈善在18世纪以前还集中在"帮不帮"。穷人就是穷人，这是上帝安排的，他们自己也不求上进，帮助他们摆脱贫困就像100年前帮助家庭主妇外出找工作一样，完全没有必要。这样的观点直到经历了18世纪启蒙运动和独立战争的洗礼后才得以改变。[2] 随着启蒙运动的发展，人类在哲学思想和科学上取得了诸多的进步，认识到了后天环境对人类的巨大影响；独立战争也让更多的人亲眼看到，很多的不幸并不能归咎于个人。然而，即使是3个世纪后的今天，人们在这个问题上仍然无法达成共识——基督教慈善（Christian Charity）认为"苦难"是人类救赎自己的必经之路，而人道主义则认为苦难是不必要的，并以根除苦难为最终目标，这样的分歧便是人们对特蕾莎修女存在争议的主要原因。[3] 不少工作在一线的草根组织能告诉你很多"恨铁不成钢"和"活该"的例子，来指责受助人的不求上进，他们也同样能说出很多白手起家的励志典型。在"帮不帮"这个问题上，传统慈善领域虽然没有取得一致意见，但至少形成了主流观点——虽然出发点不同，社会救济对生活在贫困中的人们是必不可少的，而接下来要解决的便是"如何帮"的问题。

社会救济（也就是所谓的"传统慈善"）发展到现代慈善的一个里程碑当属19世纪末至20世纪初的"科学慈善"的出现。[4] 在1873—1878年美国经济大萧条期间，一些传统的慈善救济显得低效甚至无效，因为这些工作只是"治标不治本"。少数早期的慈善家便开始了一些大胆尝试，以期望

---

[1] Trattner, W. I., *From Poor Law to Welfare State: A History of Social Welfare in America* (6 Sub edition), New York: Free Press, 1998, 34.

[2] Trattner, W. I., *From Poor Law to Welfare State: A History of Social Welfare in America* (6 Sub edition), New York: Free Press, 1998, 38.

[3] Orwin, C., "Princess Diana and Mother Teresa: Compassion and Christian Charity," in A. A. Kass (Ed.), *The Perfect Gift: The Philanthropic Imagination in Poetry and Prose* (Unstated edition), Bloomington: Indiana University Press, 2002.

[4] Bremner, R. H., "Scientific Philanthropy 1873 – 93," *Social Service Review*, 1956, 30 (2): 168 – 173. Bremner, R. H., *American Philanthropy* (2nd ed), Chicago: University of Chicago Press, 1998, p. 86.

可持续地从根源上解决社会问题，其中最有名的当属卡内基的《财富的福音》（*The Gospel of Wealth*）。不管是科学慈善还是卡内基，国内的介绍都相当丰富，然而另外一个科学慈善时期的代表人物却被国内学者忽视了，那就是 Jane Addams，还有她的代表作 *Twenty Years at Hull-House*。①

卡内基有着改造世界的决心和实力，但他的途径主要是自上而下的，而 Jane Addams 则强调走进受助人的生活，理解和接受他们，强调助人者和受助人的共同成长。20 世纪初期的芝加哥作为新兴城市迅速崛起，来自各个种族和地区的人们都集中到了这个最好而又最坏的城市——经济腾飞，高楼崛起，贫富悬殊，治安混乱，欲望弥漫，亦如《了不起的盖茨比》中同时期的纽约。Hull House 提供了一个供不同阶层的人们相互了解的环境，也为贫困的人们提供了一个学习和融入主流社会的机会。在 Jane Addams 看来，无论是受助人还是助人者，都是她的房客。

传统慈善的"授人以鱼"并非因为过时了才发展出"授人以渔"，而是因为前者不足以解决社会问题——"传统慈善"和"科学慈善"是两种不同性质的工作：前者是为了消灭贫困，后者是为了改善社会结构。只要人类社会还有贫困存在，"授人以鱼"的工作就不会消失；只要人类社会还存在阶层差异，"授人以渔"的工作就必不可少——从这个角度来说，科学慈善是比"阶级斗争"更加温和、更有建设性的消灭阶级的方式。

本书第一篇所描述的"传统社会服务"为思考美国的传统慈善和科学慈善提供了很好的案例。这些案例中有卡内基式的大刀阔斧的善意商店（Goodwill），也有 Jane Addams 式的自下而上发起的石带（Stone Belt）。从这些生动的案例中我们能看出作者透露的一个观点：需要根据服务对象的真实需求来采取"授人以鱼"或是"授人以渔"举措。有能力分析受助对象到底需要哪个 YU，是对慈善组织专业性的挑战。提出一个概念很简单，但丰富一个概念的具体内涵则需要公益机构的独立思考。本书的案例对各个机构的"小而美"刻画得相当深刻，值得思考借鉴。

---

① Addams, J., *Twenty Years at Hull-House*（Reprint edition），New York：Signet，Retrieved from https：//www.amazon.com/Twenty-Years-Hull-House-Signet-Classics/dp/0451527399.

二 "大众公益"（Mass Philanthropy）

很多介绍美国公益的文章都喜欢渲染美国的捐赠文化，介绍美国公众捐款是何等积极，然后再与国内比较一番。这里面有值得我们借鉴的地方，也有不少误解的地方。

很多文献喜欢将美国的捐赠文化归因于这个国家的特殊性：一个自下而上创造出来的国家需要依靠人民自己的聪明才智来应对新的社会问题，自然培养了很好的公众参与的传统。但殖民地时期至内战以前，这样的捐赠文化主要是富人精英和教会主导。现代美国的慈善捐赠文化得益于三个方面：首先，美国经济的快速发展与财富积累，催生了工薪和中产阶级，从而为公众捐赠提供了物质基础；其次，在半个多世纪的时间里，战争和经济萧条的交替出现（内战、多次经济萧条和两次世界大战），对捐赠产生了巨大需求；最后，也是最重要的，深入社区的伞形和网络化筹款组织的出现，以及筹款方式的创新与专业化，将筹款组织化、规模化，从而触及千家万户和寻常百姓。万事俱备，罗斯福推行的"集体责任"（Collective Responsibility）的理念犹如一股东风，将"大众公益"固化成了美国文化不可或缺的一部分 。[1]

美国公众捐赠文化的形成开始于 20 世纪初公共健康领域的一系列运动，尤其是对抗肺结核病的一系列努力。但在 20 世纪初的美国，人们还有着较好的存款习惯，并且社工和教会都会积极倡导人们通过储蓄来给自己和家庭建立一道"安全网"。在对抗肺结核病运动中，人们开始倡导把一小部分收入捐赠出来。"为社会建立安全网"，这样的理念受到了极大的欢迎，因为这样的安全网保障的是每一个人，说不准哪天自己就成了安全网的受益人。

创新的筹款方式也让捐赠迅速流行起来，其中具有代表性的便是"邮票筹款"。从 1907 年开始，美国以在邮局售卖圣诞节邮票（Christmas Seal，

---

[1] Zunz, O., *Philanthropy in America: A History* (Updated edition with a New Preface edition), Princeton University Press, 2014, pp. 44 - 75.

又译"防痨邮票")① 的方式进行筹款，1908 年当年的劝募金额就达到了13.5 万美元。这样的成果极大地鼓舞了人们对这种新兴筹款方式的信心，"邮票筹款"也因此被视为美国大众公益的转折点。8 年之后这一数字就达到了 100 万美元，到 20 世纪 60 年代中期，4000 万封信带来了 2600 万美元的筹款收入。② 还有很多其他的筹款方式，例如，童子军兜售自己制作的曲奇饼干，在办公室内白板上挂"集体捐赠目标进度条"，等等。这些筹款方式都有一个共同点，就是贴近每个人的生活。

除了筹款方式的创新外，深入社区的筹款组织和专业筹款人的出现也为大众公益创造了条件。社区基金会（Community Foundation）和公益金（Community Chest）就是在这个时期兴起——前者可能是当下国内公益领域内最火的概念之一，后者则发展成了我们现在所熟悉的联合劝募（United Way，抑或翻译为"联合之路"）。到 1930 年的时候，就有 21 个美国城市成立了社区基金会，坐拥资产超过 10 万美元；超过 350 个城市设立了公益金，筹款总额达到了 7500 万美元。③ 在筹款人方面，一战以前，美国慈善机构的筹款工作主要靠志愿者完成，一战后则涌现了大量的全职专业筹款人甚至是筹款公司。一开始筹款行业人员的素质参差不齐，为了推动这一行业的专业化，9 家专业筹款机构于 1935 年成立了"美国筹款顾问协会"（American Association of Fundraising Counsel, AAFRC），为这一行业拟定了较为详细的行业标准。

本书第二篇"公益生态网络"的多个翔实案例，向读者生动地展示了美国大众公益的细节，如布鲁明顿和门罗县的社区基金会、门罗县联合劝募等。印第安纳大学给学生发送的筹款邮件、作者向导师筹款并取得支票，以及"星形"和"伞形"的网络结构，等等，正是这些细节构成了美国引以为傲的捐赠文化。

---

① 详细内容可参考 https://en.wikipedia.org/wiki/Christmas_seal。
② Zunz, O., *Philanthropy in America: A History*（Updated edition with a New Preface edition），Princeton University Press, 2014, p. 48.
③ Zunz, O., *Philanthropy in America: A History*（Updated edition with a New Preface edition），Princeton University Press, 2014, p. 69.

三 非营利与慈善研究（Nonprofit and Philanthropic Studies）① 的发展与挑战

本书的第三篇和第四篇以案例的形式介绍了美国的社会创新和慈善新模式。这里不得不提另外一个看似无关但奠定了近代美国公益慈善发展科学基础的事件——非营利与慈善研究何以成为一个科学研究领域，甚至是一个独立的学科。

美国的公益慈善有着几百年的历史，但是其作为一个科学研究领域的发展只有不到半个世纪的时间。随着物质财富的积累、捐赠习惯的养成，以及20世纪40年代政府推行的一系列针对非营利机构的税收优惠，美国的非营利组织数量激增，到60年代，在美国税务局（Internal Revenue Service，IRS）正式注册的非营利机构就超过了30万家。② 50年代末，政客和记者开始呼吁关注这些享受着税收优惠的"特权机构"，认为富人巧妙地利用了这些政策，损害了现行的税收制度。最终，尼克松总统签署了《1969税制改革法案》（Tax Reform Act of 1969），对私人基金会提出了诸多严格的管理条例。

洛克菲勒三世认为，非营利机构的确应该规范自己的行为，但上述事件所反映的是当时人们对于非营利组织在整个社会中的地位、功能与合法性的不理解——整个非营利部门的健康发展，需要更为坚实的知识理论来支撑。于是，洛克菲勒三世于1973年组织了"私人慈善和公共需求委员会"（Commission on Private Philanthropy and Public Needs，亦简称 Filer Commission）。委员会召集了各领域内的顶尖学者，启动了80多个研究项目以了解非营利组织和慈善在美国社会中的角色。这些项目产出的论文最终结

---

① 领域命名在美国学术领域也颇有争论，这里不细谈，详细可以参考朱照南、马季《美国非营利管理教育研究综述》，《中国非营利评论》2016年第1卷。更早期一些的发展可以参考 Hall, P. D., "The Work of Many Hands: A Response to Stanley N. Katz on the Origins of the 'Serious Study' of Philanthropy," *Nonprofit and Voluntary Sector Quarterly*, 1999, 28（4）: 522 – 534, https://doi.org/10.1177/0899764099284013。

② Friedman, L. J., & McGarvie, M. D.（Eds.）, *Charity, Philanthropy, and Civility in American History*, Cambridge, UK; New York: Cambridge University Press, 2003, pp. 363 – 365.

集出版成《捐赠在美国：迈向更强健的志愿部门》① 一书，书中的很多建议都被国会和非营利机构所采纳。美国诸多的顶尖学府也在那个时期成立了非营利研究中心，很多被视为非营利部门基石的理论也在同一时期被发表，例如政府/市场失灵理论。② 我和导师 Richard Steinberg 教授聊天时，他经常将那段时期称为"光辉岁月"。

　　学术研究证实了非营利组织在社会中不可或缺的重要作用，使得政策制定和非营利组织的实践都有了坚实的理论基础，我们现在所熟悉的"非营利部门"也是从那个时候开始人为创造出来的概念。③ 然而"好景不长"，从 20 世纪末开始，随着非营利组织越来越多地从事商业活动，商业组织越来越多地介入公益领域，跨部门合作越来越频繁，人们发现非营利部门的边界越来越模糊，既有的理论在解释新的公益实践方面显得捉襟见肘。

　　本书的第三篇和第四篇提供了很多这样"模糊"的案例——合作购房、战略投资、政府实践以及弱势群体创业，等等。这些案例对"非营利部门"的传统概念提出了挑战。不管是哪个案例，最终都会指向一个老问题：什么是"公益"，怎样定义"非营利部门"？

　　从我自己的研究来看，非营利研究领域的知识生产经历了 70 年代的"光辉岁月"后，从 80 年代到 20 世纪末取得了 20 年左右的快速发展。但进入 21 世纪后，这个领域的知识生产发展到了瓶颈期——旧的"研究范式"已经无法解释新的现象和实践，而新的研究范式又没有建立。④ 在社会创新

---

① Filer Commission, *Giving in America*: *Toward a Stronger Voluntary Sector*, Washington, DC: Commission on Private Philanthropy and Public Needs, 1975.

② Weisbrod, B. A., *The Voluntary Nonprofit Sector*: *An Economic Analysis*, Lexington Books, 1977. Weisbrod, B. A., "Toward a Theory of the Voluntary Nonprofit Sector in a Three-Sector Economy," in E. S. Phelps (Ed.), *Altruism*, *Morality*, *and Economic Theory* (First Edition edition), New York: Russell Sage Foundation, 1975.

③ Hall, P. D., "A Historical Overview of Philanthropy, Voluntary Associations, and Nonprofit Organizations in the United States, 1600 – 2000," in W. W. Powell & R. Steinberg (Eds.), *The Nonprofit Sector*: *A Research Handbook*, Yale University Press, pp. 32 – 65.

④ Ma, J., & Konrath, S., Thirty Years of Nonprofit Research: Scaling the Knowledge of the Field 1986 – 2015 (September 2, 2016), Available at SSRN: https://ssrn.com/abstract = 2834121 or http://dx.doi.org/10.2139/ssrn.2834121.

"授人以渔"而非"授人以鱼"，一直被我们津津乐道，我们坚信"造血"比"输血"更为持久和持续。中国公益发展至今，大家往往认为，直接面向被服务对象的帮助是落后的扶贫模式，是早就应当被扔进故纸堆的。然而，在美国的调研中，我却惊讶地发现，传统的"授人以鱼"的直接服务模式，在美国依然有很大的空间。有不少非营利组织在做着传统服务的事情，自然也确实有相当多的公众需要这样的帮助。

　　无论是面对衣衫褴褛的流浪汉，还是目光呆滞的智障人士，无论是面对遭受家庭暴力的女性，还是活泼可爱的孩子，爱与尊重，都是这些组织的价值观。这些传统社会服务机构日复一日、年复一年地从事着直接扶贫济困的工作，每天一顿免费晚餐，每天几小时的课外看管，每天陪智障人士聊天吃饭，表面上的重复其背后是忠实地为服务对象着想的理念。服务对象的需要，就是这些机构持续存在的理由。写下这些机构的故事，重要的不是告诉大家它们所提供的具体服务是什么，而是分享那份贯穿在服务中的"爱与尊重"的理念与价值观。

　　服务尽管传统，但并不粗糙。每一个组织都有鲜明的宗旨与使命，有明确的组织定位。瞄准某一类服务对象的某一方面的需求，持续地提供精准的服务，塑造了这些组织的专业与坚守，也为第二篇所讨论的广泛合作与构建公益生态网络建立了基础。

　　服务尽管传统，但并不目光短浅。每个机构在立足优质服务的同时，都高瞻远瞩地进行这一领域的社会倡导。促进社区对残障人士的接纳，推动政策对低收入群体的关注，引起社会对受家暴妇女儿童的重视……寓社会倡导于一线服务之中，让表达更有说服力。

　　在互联网时代的今天，当诸多创新公益理念风起云涌的时候，不要忘了，在美国，传统社会服务依然在坚守。在中国，当我们在热情拥抱各种创新性公益手段的同时，不要忘了加强远未成熟的传统的社会公益服务。

哪怕随着时代的变革，这些传统的社会服务逐步萎缩甚至消失，但是其背后对服务对象的尊重，对个体差异的宽容，是所有公益慈善服务都应当学习的价值理念。

从授人以鱼到授人以渔[*]

低收入群体是美国社会服务机构重点关注的目标群体之一。在印第安纳州门罗县的众多非营利组织中，关注穷人需要的机构相当多。本文所介绍的这些机构，都是直接面向低收入群体提供服务的组织。穷人最迫切最基本的需求是什么？是吃饭、睡觉，还是找工作？当服务对象的基本生存需求，如有饭吃、有衣穿、有床睡，尚未得到满足的时候，似乎也谈不上发展性需求。先满足基本生存的需要，同时，慢慢解决发展的需要，从授人以鱼到授人以渔，是这些社会服务机构的帮扶路径。

一 授人以鱼：满足基本的生存需要

（一）让低收入人群吃上有营养的食品

在人口仅有十几万的门罗县，与食品救助相关的非营利组织有好几家。这些组织所要实现的最终目标都是让门罗县的低收入人群吃饱饭、吃好饭。但是，不同组织所提供的食品服务各不相同，所聚焦的服务群体虽然都有"吃饭"的困难，但不同的群体有不同的"吃饭难"的原因。当服务对象遇到了吃饭难的问题，不一定仅仅因为穷，也不一定是因为懒，一定有各种各样的原因。

1. 紧急情况食品援助

门罗县联合会（Monroe County United Ministries，MCUM）是一个有宗教

---

[*] 本文主要内容出自徐宇珊《美国社会服务机构如何保障低收入群体的生活？》，《中国社会组织》2015 年第 11 期。如无特别说明，第一篇和第二篇所有案例中的数据，均来源于该机构的官方网站、年度报告和实地调研。

背景的社会服务机构，它所提供的服务包括紧急援助和儿童早期教育两大类。紧急援助项目，顾名思义，是针对人们突然遭受意外情况而导致的生活困难，属于短期救助类型。该机构为所有遇到紧急情况需要求助的人敞开大门，这里的项目工作人员会尽力帮助人们渡过难关。凡是提出紧急援助申请的人需要先填写一份简单的表格，并跟工作人员一对一地谈谈自己的情况，看看求助人家庭的需要是否与门罗县联合会的项目服务相关。在30天内，申请者可以为家庭中的每一位成员领取足够3天吃的食品。2015年，紧急援助项目共提供了大约5万份饭，帮助了61个家庭渡过难关。

除了食品供应外，门罗县联合会的紧急援助服务中还包括卫生用品。有需要的家庭可以在此领取到一些卫生用品，如牙膏牙刷、卫生纸、纸尿裤、洗发水，等等。该机构的负责人特别介绍说，这些卫生用品对于低收入者很重要，因为在政府的食品券（food stamp）中没有涵盖这部分用品，因此该机构提供此项服务。在该机构网上公布的捐赠物品清单中，各种基本卫生用品一直是位列其中的。

2. "餐厅"供餐服务

紧急援助项目的特点是时间短、需申请。而社区厨房（Community Kitchen）则是敞开大门，来者不拒。布鲁明顿的社区厨房俨然就是一个免费餐馆，人们可以在一个宽敞明亮的餐厅中就餐、交谈，亦可将熟食打包带走。从营养角度上看，饭菜至少包括主食、蔬菜、肉类、水果等，搭配合理；至于味道，那是见仁见智。社区厨房每天下午4点到6点面向所有人开放，来者不拒，无须申请，无须缴费。要做的仅仅是在领餐前签个名，当然，无论你签得多么潦草都没有关系，因为社区厨房并不关心是张三还是李四来吃饭，只是希望记录下不同人的就餐情况而已。社区厨房平均每天接待的用餐者约212人。根据社区厨房负责人的观察，来此就餐的人大都是退休金较低的老年人、失业人员、无家可归人员、残障人士，等等。他们往往在一定时间段内几乎是每天都来的，也许是1个月、3个月、半年，甚至1年内常常光顾。然后，也许之后几年都未曾光顾，但说不定什么时候又回到这里。而一些年过70岁的老人，则可能连续几年里天天前来就餐，因为他们很难像年轻人一样因收入提高而改善生活境况。

那么，如何得知前来就餐的人的基本情况呢？社区厨房每年会对前来就餐的人进行一次问卷调查，每人每年只会接受一次调查。负责此项工作的人员每周有三天都在餐厅，他非常熟悉来此就餐的每个人，每当看到新的面孔，就会上前聊天，询问是否需要其他帮助，待彼此熟悉之后会进行匿名的问卷调查，了解就餐人的一些个人信息，例如家庭收入、居住地点，家中是否有儿童和长者、残疾人，等等。

布鲁明顿小镇上的另外一个机构——沙洛姆社区中心（Shalom Community Center）的主要服务内容与社区厨房类似，在工作日的早上 8 点到 9 点免费提供早餐，中午 12 点到 1 点半提供午餐。同样是不问原因、不问身份，只要有需求就可以前来领餐。据统计，2013 年，该机构提供了总计 71696 份食物。

同时，沙洛姆社区中心也提供一些其他的生活必需品或必要设施，大到白天休息的房间、厕所、浴室、洗衣房等公共设施，小到公交卡、电话、储物柜、衣服鞋帽、洗漱用品等个人用品；此外，沙洛姆社区中心还提供协助办理医疗保险、出生证、房屋租赁等服务。

3. 孩子们的节假日"加餐"

美国自 20 世纪 30 年代开始推行学校午餐计划，1946 年美国国会通过了《全国学校午餐法案》，将学生午餐纳入法制管理，并在此基础上出台了美国学校午餐计划。该计划旨在使各公立的、私立非营利的中小学校的学生，在联邦政府的协助下，能够享受到营养均衡的午餐。为保证学生餐工作的顺利实施，并不断规范学生营养午餐的管理和监督，美国政府先后出台了 10 多部法律及相关技术规章制度，并对《全国学校午餐法案》进行适当的补充与修订。根据世界粮食计划署的统计，美国有 4500 万名学生享受学校供餐。[①] 学校午餐计划规定营养午餐必须符合美国联邦政府规定的"美国饮食标准指南"。它以法规的形式对应提供人体每天所需蛋白质、维生素 A 和 C、铁、钙和卡路里量的比例作出了具体而明确的规定。该计划依据学生的家庭收入情况，将午餐费用划分为免费、减价、全价三种购买方式。

---

① WF Programme, State of School Feeding Worldwide 2013, http://documents.wfp.org/stellent/groups/public/documents/communications/wfp257481.pdf.

据统计，在 2012 学年，每个学校日有超过 3160 万名儿童享用减价或免费的午餐，2012 年政府在全美中小学午餐供给上投资高达 116 亿美元。①

在美国，低收入家庭的子女因为有了减免费用的营养午餐，在上学期间，可以得到基本的膳食营养。然而，原本快乐的周末及假期，对于那些在学校里可以享受到免费午餐的低收入家庭子女来说，却可能会吃不饱饭，营养不良，基本生存权得不到保障。于是，当地的社会服务机构根据这一空白提供了有针对性的服务。

社区厨房与 10 所当地小学和 1 所中学合作，在周末为低收入家庭的孩子提供餐包。每周社区厨房会给这些孩子一个"周末餐包"，来满足这一家周末的食品需求。目前大约有 270 名儿童参与该项目。通常由学校社工在日常工作中发现有需求的学生，并与其家长交流后提出需求。最终参与该项目的学生名单由学校提供，社区厨房并不掌握具体孩子的姓名，而是只了解每个学校参与该项目的总体情况。同时，在暑期，社区厨房会在整个放假期间的周一到周五，为 9 个低收入地区的儿童提供免费又有营养的早餐或午餐。

4. "免费"微超市

与前面几个组织类似，妈妈橱柜（Mother Hubbard's Cupboard）的一项服务是为低收入群体提供食品。但有所区别的是，这个不是餐厅，而像是一个微型杂货店。人们在这里可以像在超市一样自行选择自己所需要的食物，如面包、豆类、大米、牛奶，等等。

该机构制定了一个服务对象的资格条件，只要符合其中一个条件，就可以前来领取食品，且不需要提供任何证明，只要是自己认为满足基本条件就可以签名后领取。每次领取的量根据家庭成员数来确定。

（二）让低收入人群住进温暖的家

吃和住，是一个人最基本的生存需求。有了地方住，才可能不再流浪，结束无家可归的生活，才可以谈发展问题。在布鲁明顿小镇，有多个为无

---

① FNS, National School Lunch Program Fact Sheet, http://www.fns.usda.gov/sites/default/files/NSLPFact Sheet.pdf.

家可归人士提供住宿的机构。这里列出的，还不包括后文谈到的专门为遭受家庭暴力的妇女儿童提供住宿的地方。

1. 家庭式庇护

新希望庇护中心（New Hope Shelter）是一家成立于 2010 年的新机构，当然，也是一个小机构。成立的起源就是 2010 年布鲁明顿召开了一次针对无家可归问题的研讨会，与会人员认为布鲁明顿缺少为无家可归的人提供临时住宿服务的地方，于是一些退休教师、医生、企业高管等就发起成立了这家机构。该机构服务的特色是，提供家庭式的庇护，目的是让一家人可以生活在一起。单身父子、祖父母带孩子等都是可以的。该机构的规模不大，只能同时入住 4 个家庭，通常一年可以为 20 个家庭提供临时住宿服务。机构希望对每一个入住的家庭提供个案式的服务。因此，该机构除了要求入住人不能吸毒、不能虐待儿童之外，没有太多的严格限制。对入住家庭的政策非常灵活和个性化，充分考虑每一个家庭的实际情况。例如，尽管原则上提供 90 天的临时庇护，但若超过 90 天后依然居无定所，也会考虑延长停留期。

2. 日间庇护中心

如前所述，沙洛姆社区中心不仅提供早餐和午餐，还为有需要的人士提供一个白天可以停留的地方。这个机构在周一到周五的早上 8 点到下午 4 点为有需要的人士提供服务。人们可以使用这里的厕所、洗衣机、淋浴设施、储物柜，领取所需的衣物、婴儿用品、个人护理用品，等等。哪怕流浪，依然可以保持基本的清洁和形象。在经过机构工作人员许可后，还可以将沙洛姆社区中心的地址和电话作为他们的个人联络方式。这对于没有固定住宿点，但正在寻找工作的人来说，是很大的便利。

3. 面向某些特定群体的服务

青少年之家（Stepping House）的服务对象是 16—20 岁的青年人，它为这个年龄段的面临无家可归问题的青年提供过渡性的住房和支持性服务，帮助他们顺利渡过难关，提高生活技能，直至独立生活。

（三）让低收入人群买到基本的生活物品

美国的二手店非常发达，既有全国连锁的善意商店（Goodwill），也有一些当地小型的组织。其物品既有来自捐赠的，也有低价收购的。单单介绍美国的二手店，就可以是一篇大文章了。因为没有调研过二手店的管理人员，不敢妄自介绍，在此仅以一名顾客的视角大致介绍一下布鲁明顿几个二手店的基本情况。读者亦可管中窥豹，了解美国二手店的大致面貌。

善意商店是全美连锁的二手店，所有物品来自捐赠，所售物品涵盖范围广，衣服鞋帽、家用电器、体育用品、玩具文具、锅碗瓢盆，一应俱全。相信初来美国生活的中国人大都光顾过此店，购置安家的各种必需品吧。每个月的第一个周六，所有商品还半价，几乎就是白送了。

淘宝屋（Opportunity House）比起善意商店就是草根型二手店了，这是一家布鲁明顿当地的组织。该机构由前述门罗县联合会创办，所有收入也全部捐回给门罗县联合会。淘宝屋的收银员、理货员等均为志愿者。这家二手店虽然面积不大，但所售商品也是涵盖日常家居的各个种类。

儿童用品二手店（Once Upon A Child），与上述两个机构有所不同。第一，它没有注册为非营利组织。第二，这个机构的商品不仅仅来自捐赠，还来自低价收购。第三，正如名字所示，此店所售物品均与儿童相关。凡是你能够想象得到，与儿童相关的非一次性用品，在这里都可以找到。我在这里，给女儿买了滑雪装备，滑雪衣物价格不菲，但利用率又不高，在这里购买最合算。

这些二手店，为低收入群体营造了一个舒适、友好的购物环境，让他们可以用非常低廉的价格，买到比较称心如意的商品。同时，这也是一种环保的生活方式。

（四）让低收入人群子女得到基本的学前教育

在美国，5 岁以上的孩子可以接受免费的公立学校教育。公立学校的最低年级就是 5 岁孩子上的 kindergarten，类似于国内的学前班。而 5 岁以前的学前教育叫做 preschool，不在公立学校的体系内，由教会、私立机构等提供灵活多样的服务，通常收费不菲。

门罗县联合会的建立就起源于为低收入家庭子女提供学前教育的初衷。这可以追溯到 1939 年，当时布鲁明顿女性宗教联合会决定成立一个委员会来调查社区最主要的服务需求。该委员会经调查后，发起了一项计划，决定将各个教会组织起来，为布鲁明顿西北部的低收入家庭提供幼儿教育服务。这就是今日门罗县联合会幼儿服务的前身。目前，该组织的幼儿服务共有 5 个班，每个班十几到二十几人不等。每个班级的教室外面会有一个小牌子，写着本教室学习用品资助人的名字。与国内幼儿园类似，这个机构每天为孩子们提供早餐、午餐和下午点心，可以保证孩子获得一天所需的75% 的热量和营养。在此就读的儿童中，有 80% 享受到了政府的学前教育券（childcare voucher），可以免费就读，其他部分儿童减免学费，一般每周平均不超过 75 美元，最低 35 美元。而如果是正常收费，每个儿童的花费要达到每周 200 美元。

二 授人以渔：在满足基本生存之后的发展性需求

如果说前面的种种措施都只是暂时性地缓解低收入群体的困难，是授人以鱼的话，那么帮助有劳动能力的低收入者或失业者找到工作，提升技能，提高收入，才是改善他们生活境况的根本举措。在调研中，我发现，以上这些机构面对低收入群体的第一步往往都是给予直接的帮助，给饭吃、给房住等，并未主打"授人以渔"的牌子。但在受助者的基本生活需要得到满足之后，在机构工作人员与受助者彼此熟悉，建立一定的感情之后，社会工作者开始以个案辅导的方式有针对性地提供一些就业支持、心理辅导、技能培训等，这时候的"授人以渔"也就水到渠成了。

新希望庇护中心工作人员的工作理念就是把在机构临时居住的人们当作自己的家人，扮演家人甚至是父母的角色，教给这些人如何营造一个和谐的家庭，如何与邻居相处，如何与同事相处，如何面试，如何烹饪，如何与子女学校的老师沟通，等等。该机构的 CEO 说："我们不是口头上告诉他们怎么做，而是会陪他们一起做，例如去超市、去申请政府补贴等，让他们时时感受到'我们是在一起的'。"

参加 MCUM 紧急援助项目的申请者都是该机构社会工作的个案服务对象。从第一次申请援助开始到之后的每一次领取食物，社工都要跟服务对象进行交谈。交谈的目的并不单是了解其经济状况以及是否符合资助条件，而是一对一地进行指导，一步一步地协助被服务对象走出困境，过上稳定的生活。

沙洛姆社区中心的服务内容之一包括帮助来这里的人寻找就业机会。该中心提供就业辅导、现场培训、协助撰写简历服务，并为需要找工作面试的人提供车辆接送服务。2013 年，沙洛姆社区中心提供了 1194 节课程辅导来帮助失业人员润色简历，提高面试技巧。

青少年之家对年轻人的指导就更为全面系统。包括督促这些年轻人完成高中学业，并鼓励和支持他们继续接受高等教育；帮助他们制定个人职业生涯规划，了解各种职业特点，提高求职技能，发现个人优势和能力；

协助他们进行财务规划，学会制定生活预算；此外，还有关于婚姻家庭、冲突解决、压力管理等不同的课程。

妈妈橱柜更是将"教"人们吃得更加健康有营养作为机构使命。社区厨房主要解决的是那些没有烹饪能力和烹饪条件的人的饮食问题，而妈妈橱柜则通过各种服务，教给人们如何通过自己的劳动吃上健康有营养的食物。该机构的服务主要包括以下几部分。一是提供烹饪教学课程。营养教育项目在妈妈橱柜的运作中扮演重要角色，是妈妈橱柜实现其使命的核心项目，通过为服务对象分享烹饪技巧和信息，帮助他们学会健康饮食的方法。机构的工作人员及志愿者会定期组织健康饮食课程，教给人们如何制作富有营养、美味的食品，如酸奶、婴儿辅食、比萨等。让被服务对象从最简单的做饭开始，享受健康饮食。原则上，凡是符合免费领取食物资格的客户可以免费上课，其他人以捐款的形式自愿付费。志愿者会使用当季蔬菜和低成本的原料准备饭菜，供被服务对象试吃。在试吃的过程中，志愿者与服务对象分享烹饪故事，探究食物渊源，教给他们如何花最少的钱吃到最健康、富有营养的饭菜。二是提供果蔬种植园地。该机构有4个社区种植园，社区的志愿者们可以在这些种植园中学习种植有机蔬菜，机构全年提供免费的涵盖种植全过程的指导。种植园中所产出的蔬菜再回到机构，供有需要的人们领用。这个项目已经进行了14年之久，妈妈橱柜的工作人

员、志愿者和服务对象，收获了超过 2.4 万吨的有机果蔬。参与种植的志愿者们也有相当多的就是前来机构领取食物的客户。三是提供免费出借工具服务。机构将各种烹饪及耕种工具免费借给有需要的客户。所借工具根据价值不同分为三个等级。借第一个等级的东西，只需要签名和身份证明（如护照、驾照等）即可，待信用累积到一定程度之后，可以借第二个等级的东西。

三　思考与结语

这些组织为美国的低收入群体构筑起政府之外的社会保障网络。这些组织的服务理念都包含着对服务对象的充分尊重和信任。它们相信人们不会滥用这种信任；相信如果你生活还过得去，不会贪图这点免费的东西；相信如果你走到了机构门前，一定是你需要这样的帮助。尽管不可否认，这些服务在某种程度上会造成"养懒汉"的问题，但美国的社会服务机构并不因少数潜在的"懒汉"而为多数确实需要帮助的人设置门槛。这些面向低收入群体的服务的确改善了他们的生活状况，缓解了社会矛盾，起到了社会安全阀的作用。

上述机构尽管服务对象相近，但每家机构的宗旨与服务内容明确，瞄准了某一部分特定群体的特定需要。例如，同样是解决温饱问题，有劳动能力的中青年低收入者与无劳动能力的老年人和无烹饪设备的流浪汉所需要的服务不同；同样是解决临时住房问题，单身的、有家室的、遭受家暴的女性等，其需求的侧重点也各不相同。而不同的公益组织就要满足这些不同的需求。正是专业化的分工，使得这些机构之间的合作大于竞争，机构之间会根据来访者的需求相互推荐和转介，协助低收入群体找到最合适的组织。例如，在沙洛姆社区中心，就有一份折页小册子，详细地介绍了门罗县面向低收入群体服务的各种机构和项目。同时，这些机构之间会形成会议交流机制，反映低收入群体的需求，进而影响公共政策。

介绍这些面向低收入群体服务的组织及其项目，其目的并不仅仅在于告诉国人美国的 NPO 如何服务穷人，事实上，因国情的不同，具体的服务内容或许并不适于国内借鉴。而更重要的是想通过对其服务的介绍，让大家了解到，针对同一群体的服务可以有不同的定位。机构之间的专业分工和市场细分可以在各机构之间形成良好的服务衔接，满足同类服务对象的不同需求，形成一个全方位、全覆盖的服务网络。

成年智障人士的家园[*]

作为深圳市自闭症研究会第三届理事会的监事长和第四届理事会的理事，心智障碍人士的服务，一直是我非常关注的。在我的朋友中，也有多位心智障碍人士的家长。我多次听到家中有残障孩子的父母感叹道，最怕自己生病，最担心自己老去之后孩子无以依靠。目前国内各地都有诸多为残障儿童服务的社会组织，然而对大龄残障人士的服务却相对薄弱。超过上学年龄的成年智障人士往往退回到自己的家庭，完全依靠家人的帮助和支持生活。这些几乎永远长不大、永远离不开的"孩子"是父母心中最大的牵挂。

在美国访学期间，在我居住的社区附近，有一家名叫"石带"（Stone Belt）的机构。夏日的午后，常常见到一些神情或行动异于常人的男女老少在机构周围简单活动，享受阳光。原来，这是一家专门服务于成年智障人士的非营利机构。经过申请与培训，我成为这家机构的志愿者，开始近距离地了解这家机构。

一 石带的历史与现状

石带是印第安纳州中南部历史最为悠久的、规模最大的、为"有发展性障碍"人士服务的非营利机构之一，总部位于印第安纳州门罗县。石带与国内很多为残障人士服务机构类似，起源于残障儿童家长们的自发行动。1958 年，9 个智障孩子的父母在门罗县布鲁明顿镇一个教堂的地下室里讨论

* 本文主要内容出自徐宇珊《成年智障人士的家园》，《中国社会组织》2015 年第 15 期。

孩子的教育问题，决定每周见面两次，聘请老师给这些孩子进行辅导。1970年，石带修建了自己的办公场所，为有发展性障碍的孩子们提供特殊教育。之后，随着越来越多的有发展性障碍的儿童可以入读普通公立学校，2003年后，石带的服务重点转向成人。

石带信奉的理念是每个个体都是独一无二的，都是有价值的，都有权作出自己的选择。机构希望与社区各界人士建立伙伴关系，随时为有发展性障碍的人士及其家庭充分参与社区生活提供帮助和支持。秉承上述理念，石带在服务中，尊重服务对象的自我选择权，根据每个人的差异发展不同的本领和技能，为服务对象提供各种就业机会和支持，帮助服务对象建立良好的社会网络。

石带的收入主要是服务收入，但并非由服务对象直接支付，而是通过美国政府针对残障人士的医疗补助计划间接获得。符合条件的智障人士不会直接得到医疗补助计划所给的现金，但可以自行选择在哪家机构接受服务，再由提供服务的机构到政府有关部门报销获得资金。其流程类似于国内的服务券。同时，石带会根据机构发展需要，向政府和基金会申请一些项目资助。

石带的员工有四五百人之多，其吸纳就业的人数在门罗县布鲁明顿镇位列前五！其中，只有一部分员工在机构总部工作，还有相当多的散布在提供住宿服务的公寓、社区中以及智障人士就业的企业中等。据石带的CEO Leslie 女士介绍，石带的员工流失率比较高，目前为35%左右。其原因一是地处大学城，员工中有部分是兼职的学生，随着学生离校，部分兼职员工会离职；二是工作本身比较枯燥、辛苦，且收入较低。然而，CEO Leslie 却在这里工作了近 36 年，这是她职业生涯中唯一的工作！她 1979 年入职石带从事最基础的工作，从 2001 年开始担任 CEO，见证了机构几十年的发展历程。

二　石带所提供的服务

目前，石带为有发展性障碍的服务对象提供的服务主要包括日间照料、住宿、就业与社区服务等。

（一）日间照料服务

周一到周五上午 8 点到下午 5 点，是服务对象在机构本部活动的时间，他们由工作人员驾车从分散在各处的公寓接到机构，根据不同的残障程度在不同的教室活动。机构本部原来是一所学校，一些基础设施还保留了鲜明的学校色彩，例如从走廊看上去，各个活动室俨然就是一间间教室，场地里有篮球馆、综合活动室等，不过这些地方都已经被赋予了新的服务内容。每个教室的每项服务都充分体现了注重个体差异、尊重个人选择的服务理念。与其说它是一个托管机构，不如说是聘请一个机构代为扮演父母的角色，每个孩子在父母心中都是独一无二的，在这些服务机构眼中也是独特的一员，机构根据每个服务对象的实际情况安排合适的活动。

在艺术教室，一些有一定动手能力且热爱艺术创作的轻残人士，可以在老师的指导下完成属于自己的艺术作品，这些艺术作品可以在艺术画廊中展出并售卖，创作者可以像真正的艺术家那样通过艺术创作而获得收入。

在篮球馆活动的服务对象，大都是残障程度比较严重的，往往同时具有身体和精神残疾，难以自理，由多名工作人员陪伴。

在综合活动室活动的服务对象，大都自由活动，可以两三个一起玩纸牌，可以独自进行手工编织，可以听音乐，当然，也可以坐着发呆。在得到工作人员许可之后，他们可以自己拿钱在自动售货机上购买一点小零食。其实，吃零食不是目的，让他们学会并习惯根据需要自己购物，提高他们独立生活的能力，才是根本。综合活动室每天也有相对固定的集体时间。例如，工作人员会带领大家制作"水果棒棒糖"：先让他们用塑料小刀削苹果皮，再切成小块、插上牙签、拨开糖纸，最后由工作人员打开炉子，加热硬糖并将糖浆裹在水果上。整个过程，在确保安全的前提下，凡是服务对象能自己做的都由他们自己完成。在午餐时间，他们会在冰箱中拿出自带的午餐，自行或在工作人员的帮助下用微波炉加热后食用。也就是说，机构并没有食堂供应统一的午餐。有能力的可以自己在家做好带到日间中心，无法独自做饭的则由工作人员代做。不管是购物，还是吃饭，抑或是制作食物，都在一点一滴中锻炼服务对象的生活能力，让他们感觉到自己有能力根据自己的意愿生活。

（二）住宿服务

石带提供两种住宿服务。一种类似于集体宿舍（group living）。石带拥有 11 个公寓房的产权，每个公寓可以住 5—7 人，机构为居住在公寓中的服务对象提供 24×7 小时的全天候服务。这些公寓通常有着规范且严格的管理制度，每天有统一的食谱，有固定的关门和熄灯时间等。公寓管理人员实行轮班制，确保每时每刻都有工作人员值班。通常，在这里入住的人每天早上 8 点像上班一样，乘坐班车到机构本部参加各种活动，下午四五点钟，再坐班车回公寓。其余时间，如购物、休闲等，他们都在机构工作人员的陪伴下，在社区内活动。

另一种是支持性住宿服务（supported living）。这种住宿服务让服务对象拥有较大的自主权，而机构工作人员仅仅根据需要提供适当帮助。享受支持性住宿服务的人自己在家人或工作人员的指导下，像其他健全人士一样，根据预算和个人喜好选定租房地点，自己与房东签订租房合同，自己选择舍友，自己选择每天的作息时间和菜谱。石带的工作人员根据残障程度的不同给予帮助，有些需要 24×7 小时的全天候服务，有的则只是一周内服务几个小时。

石带的 CEO Leslie 介绍说，支持性住宿服务比集体住宿更受服务对象的欢迎。这也与机构的服务理念中注重服务对象的自主选择权密切相关。支持性住宿服务让服务对象感觉更为独立、更有自主性。但因受工作人员数量的限制，通常会有很多人排队轮候此项服务。同时，受州政府对残障人士资助力度减弱的影响，并非每一个家庭都能支付得起让大龄残障人士在外独立居住的费用，现在有越来越多的残障者与父母一同居住。因此，石带也正在思考是否需要调整服务方向，考虑为那些在家中与父母同住的人提供更多的服务。

（三）就业与社区服务

石带的服务原则中把就业摆在了相当重要的位置，它相信，就业是成年人基本生活的组成部分，机构应当尽可能地为服务对象提供就业机会和支持、帮助。因此，石带尽可能广泛地跟社区中的企业联系，为残障人士寻找力所能及的就业岗位；尽可能地在就业方面申请相关基金会的项目资助，以便为更多的服务对象提供就业机会和培训；尽可能地为残障人士提供各种接触社会的机会，帮助他们更好地融入社会。

在石带的两个服务地点，总计有近 3000 平方米的加工制造车间。机构本部的车间为一家制药厂加工医疗用品。具有一定精细动作能力、可以进行简单手工操作的服务对象在这里进行加工。每个人进入车间前都要从头到脚穿上消毒衣，每人每天工作 6 小时左右。通常服务对象轮流在此工作，如每周工作两三天，其余时间参与机构的其他活动。在这里工作的收入归服务对象个人所有，会存入他们的个人账户。一个 20 多岁的女孩曾很开心地跟我说，现在她的账户上已经有一大笔钱了，每个月她都会有固定的收入。同时，石带也积极与社区中的超市等其他企业联系，让服务对象直接到企业上班。

除了企业，石带也与社区中的其他非营利组织建立了广泛的联系，由残障人士到其他机构提供志愿服务。尽管这些志愿服务是无薪的，但对于残障人士而言，却是参与社会生活的重要机会。手拉手（Hand in Hand）项目是石带与社区厨房（Community Kitchen）合作进行食品收集与分发工作。社区中的一些居民参与社区厨房的食品捐赠，每周定期准备好食品袋。石带的工作人员驾车，带着参与项目的残障志愿者挨家挨户地收集这些准备好的食品袋。志愿者们要做的事情非常简单，只需要按门铃，与捐赠食品的主人打个招呼，取走食物即可。同时，石带的服务对象也会为医院的病人分发食物。尽管收发食品非常简单，但可以让残障人士参与到社区服务之中，感觉到自己对社区的价值。包括石带在内的 3 家残障人士服务组织，长期位列社区厨房的志愿服务时长前三。

三　思考与结语

在石带工作了 36 年的 CEO Leslie 认为，机构和残障人士面临的挑战仍然是其他健全人士的接纳和社区融合。机构希望更多的残障人士可以像健全人一样，在社区中正常地生活、娱乐、接受教育、购物……希望他们能够回归正常的社区，参与社区生活。然而这一过程任重而道远，人们的包容程度远远没有那么高。记得在深圳市自闭症研究会的理事会上，多次听到自闭症孩子家长希望能够建立社区化的助养中心，成年的自闭症孩子也可以像小朋友上幼儿园一样，白天在社区的助养中心参加活动，晚上回家，既享受到家庭的温暖，又可以得到集体生活的快乐。但是辖区居民愿意在本社区内有这样一群特殊的大孩子吗？业主愿意把房子租出来作为这个用途吗？也记得理事会上曾经讨论是否有可能通过各种途径购买机构自己的物业，免受一次次搬家的劳顿，也为机构留下可以持续发展的根基。这一篇提到的大多数社会服务机构都有拥有自有产权的物业，机构无须考虑租房的成本和随时搬家的风险，可以全身心地投入服务之中。然而国内绝大部分的社会服务机构都还在温饱线上挣扎，面对日益上涨的高房价，买地买房似乎只能是梦想。

为遭受家庭暴力的妇女儿童撑起一片蓝天[*]

在美国印第安纳州布鲁明顿小镇的公交总站附近，有一个为妇女和儿童服务的非营利组织——妇幼之家（Middle Way House）。与其他机构不同，这个机构的门口没有明显的 LOGO 和名称，不熟悉的人很难从锈迹斑斑的大门上看出这家机构究竟是做什么的。而在  这个狭小简陋的大门内，却为遭受家庭暴力的妇女和儿童打造了一个温暖舒适的小窝。

妇幼之家成立于 1971 年，最初目的是为布鲁明顿的居民提供紧急干预服务。之后的 10 年间，机构由志愿者运营，主要为社区中的毒品及酒精滥用者提供心理辅导以及 24 小时热线电话服务。1981 年，机构调整了服务方向，将服务重点转移到了妇女及儿童。除了继续开设 24 小时热线服务电话外，机构开始建立家庭暴力庇护中心，为印第安纳州中南部 6 个县的遭受家暴的妇女和儿童提供安全住所、个案咨询和互助服务。

目前，妇幼之家是全美 6 个反家暴样板项目之一。2013 年，该机构为 246 名妇女和儿童提供了紧急庇护服务，其中 87% 的妇女得以成功地脱离家暴境地，这一比例远高于美国全国平均水平。该机构的服务主要包括以下几个板块。

一　热线电话

面向周边 6 个县提供 24 × 7 小时、全年无休的多语种热线电话服务，随

＊　本文主要内容出自徐宇珊《Middle Way House：为遭受家庭暴力的妇女儿童撑起一片蓝天》，《中国社会组织》2015 年第 17 期。

时恭候有需要的人士。通常，拨打热线电话的不仅包括遭受家庭暴力的女性或儿童，也包括邻居、医生、警察等其他有可能发现家暴情况的人。机构与当地的医院及警察局建立长期合作关系，一旦发现有需要转介的人，就会立即与该机构联系。机构有两名全职工作人员负责热线电话接听服务，同时机构其他员工也都经过培训，从 CEO 到新入职的员工，都会轮流值班，均能胜任此项工作。值班的工作人员无论何时接到电话，都会第一时间赶到家暴地点或医院、警察局等。总之，只要遭受家庭暴力的妇女和儿童有需要，妇幼之家就会立即出现！

二　紧急庇护住宿中心

遭受家庭暴力的女性往往需要一个紧急庇护场所，以远离家暴的危险环境。在机构办公室的二楼和三楼就是紧急庇护住宿中心。为了保障妇女、儿童的隐私权，确保他们可以远离施暴者，紧急庇护住宿中心设计了非常严密的安保设施，任何一个通往中心电梯间的门都有门禁系统，必须输入密码才可以从外面进入。走进紧急庇护住宿中心就像走进了一个小宾馆，干净整洁的走廊两侧分布着大小不等的房间。二层共有 13 个房间 30 个床位，其中 11 个是为家庭设计，满足带孩子妇女的需求；另两个提供给没有带孩子的妇女，每个房间就像集体宿舍一样有 4 个床位。三层是公用的大厨房、洗衣房、客厅、健身房，还有一个很特别的储物间。在这个储物间里，分门别类地摆放着不同尺寸的衣服、鞋子、被褥等，都是爱心人士捐赠的衣物，供有需要的妇女、儿童免费领用。通常，遭受家暴的妇女、儿童最多可以在紧急庇护住宿中心住宿半年。半年后，这些妇女、儿童就会搬离此处，要么寻找到其他合适的住所，要么申请机构的过渡性住房服务。

三　过渡性住房服务

妇幼之家有一处称为"Rise！"的公寓楼，提供过渡性住房服务，其目的是为那些曾遭受家暴的低收入妇女提供一个安全的、相对长期的、性价比高的安身之处。"Rise！"公寓从 1998 年开始提供服务，有多间三居室及两居室的公寓房，可同时容纳 28 名住客。所有的公寓都配置了炉具、冰箱、微波炉、洗碗机、床、沙发等家具和家电，妇女和孩子们可以拎包入住。

过渡性住房服务是妇幼之家接受政府购买服务的项目。政府对入住者有一些基本条件的要求，例如必须曾经遭受过家庭暴力、必须为低收入者等。所有的入住者必须向政府提出申请，只有通过资格审查才可以入住。一般来说，遭受家庭暴力的妇女如果在入住紧急庇护住宿中心期间没有能力找到其他合适的房子，则会申请入住"Rise！"公寓的过渡性住房。

目前，"Rise！"的一套三居室公寓，水电气网全包，每月租金为 975 美元，这一价格比该地区一般的三居室租金低 15%—30%。政府要求，住户需要交纳其个人收入的 30% 作为房租，房租直接交给妇幼之家，不足部分则由政府补贴给妇幼之家。也就是说，每一住户所交纳的房租并不相同，这取决于其个人收入；相应地，政府对每一户的补贴款也各不相同。对于妇幼之家而言，只有在有符合条件的租客时，该房间才可能获得政府补贴和租房款，如果房间空置，则不会获得政府补贴。由于该公寓建设时就得到了政府资助，且运营中得到政府购买服务项目款，因此必须严格遵守政府规定，即便空置也不能自行出租给其他不符合条件的一般租客。

四　入住期间的其他相关服务

遭受家暴的女性和儿童在入住妇幼之家的紧急庇护住宿中心期间，可以得到机构的多种服务，从根本上远离家庭暴力的危险。

一是法律援助服务。妇幼之家与有资质的律师合作，为遭受家庭暴力、性侵犯的女性和儿童提供法律援助。每周一到周五的早上 8 点到下午 6 点均可以提供帮助，可以由服务对象自行选择是电话咨询还是面谈。律师会与当事人讨论与家暴、性侵等相关的法律程序，会协助当事人起草离婚协议、提出保护；为当事人推荐公益性服务，提出降低费用的途径。律师及其他法律志愿者会陪伴当事人出席法庭听证会，提供情感及其他相关方面的支持。妇幼之家出资聘请律师，当事人本身不需要付费。

二是子女照看服务。在妇幼之家机构办公室隔壁就是一个小型的幼儿园，它为入住在这里的 8 周到 5 岁的儿童提供免费的幼儿服务。[①] 同时，在过渡性住房附近还有一个课后活动班，为 5—18 岁的儿童提供课后学习和娱乐场所。

三是心理咨询及就业指导服务。妇幼之家相信，改变受家暴妇女境况的最根本举措就是让女性自身变得足够强大，可以自力更生。因此，在妇女入住期间，机构的社会工作者会给她们提供各种支持，帮助她们走出家暴阴影，进而提高收入，改善生活经济状况。社工们会与这些妇女讨论当下的境况，制订未来的计划；会协助她们修改简历，向有关企业推荐就业，指导面试；会教给她们如何管理时间、如何与同事相处等生活与工作技能 。

五 家暴预防教育服务

妇幼之家还为中学生以及一些青年团体提供一系列健康关系及家庭暴力预防讲座，向青少年们传递正确的婚恋及家庭观念，让他们了解预防家庭暴力、性骚扰、性侵犯等知识，获得远离家庭暴力的必要技能。此外，妇幼之家还组织有关性侵犯、性交易的防范与宣传等活动。

六 思考与结语

提供热线电话、紧急庇护住宿、法律援助、心理辅导等，都是妇幼之家日常的服务手段，接听了多少通电话，收留了多少位女性，提供了多少援助等，都是这个机构显而易见的服务"产出"。妇幼之家的服务成效只有一个重要指标，那就是帮助女性成功摆脱家暴处境的比例。所有上述服务的根本目的，都是让妇女和儿童彻底远离家暴。

一般来说，我们会认为，结束家暴是施暴方与受暴方双方的事情，甚至施暴方的责任会更大。然而，在访谈中，让我印象很深，也是让我极为

---

① 在美国，5 岁以下儿童就读的幼儿园称为 preschool，不在公立教育体系内，由家长自行付费，收费不菲。5 岁之后可以免费入读公立教育体系中的 kindergarten。

好奇的是，妇幼之家的 CEO 反复强调，他们的服务对象非常明确，仅仅直接服务妇女和儿童。机构不面向男性施暴者提供咨询和服务，也不把解决问题的希望寄托于男性施暴者的改变。妇幼之家强调对女性的赋权，让女性最大程度地了解到她们所处的境地，最大程度地提高自己的生活和工作技能，最大程度地自主脱离家庭暴力的环境。女性自身的改变，才会真正地改变其处境和地位。

美国的公益“晚托”及假日托管[*]

在美国访学期间，我独自一人带着上小学二年级的女儿。虽然小学有校车接送到家门口，但毕竟每天下午 4 点都要准时守候在校车站。每天下午 4 点后，我的时间就被紧紧绑定——凡是 4 点后的课程一律不考虑，凡是去非营利组织访谈一律在 3 点半结束。但自从孩子报名公益性“晚托班”后，一切变得轻松起来。我支付了 20 美元的会费，女儿就享受到了全年免费的校车服务、可口的下午餐点、细心的课业辅导以及好玩的兴趣班！

“晚托班”、“四点半学校”、“快乐三点半”等课后托管机构在国内各个大城市都不少见，在一定程度上，它们为双职工父母解除了后顾之忧。美国学校放学早，通常没有祖父母照顾孙辈的传统，又不允许孩子独自在家，因此，很多双职工父母以及单亲家长都面临孩子放学后的看管问题。

一　门罗县的公益性“晚托班”简介

最初了解公益性晚托服务，得益于在门罗县联合之路（United Way of Monroe County，UWMC）的访谈。UWMC 的会员单位中有几家机构提供面向儿童及青少年的晚托服务。

---

[*]　本文部分内容出自徐宇珊《美国的公益“晚托班”》，《中国社会组织》2015 年第 9 期。

布鲁明顿男女生俱乐部（Boys & Girls Clubs of Bloomington，BGCB）面向6—18岁的儿童，提供周一到周五下午3—7点的课后服务，该机构有3个服务地点，平均每天接待360名会员儿童。2013年，为孩子们提供的服务时间相当于144个全天的学校服务。

想在这里接受服务，首先要成为会员，会费为每年20美元，有效期从当年的11月1日到次年的12月31日。填写申请表并缴纳会费后24小时之内可以得到批准，孩子即可来该机构参加活动。机构设有艺术室、电脑室、篮球馆、小型运动室等区域，孩子们可以根据爱好自行选择在不同区域内活动。布鲁明顿男女生俱乐部提供作业辅导和特色课外课程。作业辅导包括一般性辅导和强化辅导，如果家长提出申请，可以参加由专门志愿者老师提供的课业强化辅导。特色课外课程包含60多个项目，如陶艺、美术、舞蹈、喜剧、科学、朗诵等。这些课程并非全年提供，一般某项课程会分为若干小节，在某一段时间内可能有一个或几个课程供孩子选择。通常，在某一特色项目课程开始前，布鲁明顿男女生俱乐部会在公告栏中贴出通知，说明课程内容、年龄及时间要求等，孩子可以提前报名。所有这些课外课程均不再收取额外费用。布鲁明顿男女生俱乐部还为孩子们提供了校车服务，即每一名会员都可以乘坐校车自己到达机构，家长们在每天下午7点前来布鲁明顿男女生俱乐部接孩子回家即可。校车服务有三种情况：一是布鲁明顿男女生俱乐部自己的淡蓝色校车到各个小会员所在的学校接孩子；二是部分公立学校原有的校车可以把该校的孩子直接送到布鲁明顿男女生俱乐部；三是由布鲁明顿男女生俱乐部与下文所介绍的门罗县女生团（Girls Incorporated of Monroe County，GIMC）合作，由其将部分学校的孩子送到布鲁明顿男女生俱乐部，即布鲁明顿男女生俱乐部与门罗县女生团共享校车资源，两家机构分头去不同学校接会员，最后将会员送到相应机构。

除了提供每天的课后服务外，布鲁明顿男女生俱乐部在大多数的中小学假期都会提供托管服务或组织夏（冬）令营。美国中小学生放假通常比成人要多，孩子们放假的时候往往大人们不一定有假期，因此很多家庭面临孩子放假后无人看管的问题。在大部分的假期中，布鲁明顿男女生俱乐部都会提供托管服务，一般来说中午12点到下午6点的托管是免费服务，如果参加上午 8 点到中午 12 点的托管，则会收取每天 15 美元的费用。此外，还有户外或特色的收费性营地活动，每天早上由家长把孩子送到布鲁明顿男女生俱乐部，孩子参与全天活动，如夏季的野外活动、冬季的图书馆活动，等等。

门罗县女生团正如其名称所示，是只为 6—18 岁的女孩子提供服务的机构，其宗旨是让女孩子们变得更加坚强、聪明和团结。每年的会费为 55 美元，注册之日起一年内有效。与布鲁明顿男女生俱乐部必须先注册再参加活动不同，门罗县女生团更为灵活，允许先体验再注册为会员。门罗县女生团的服务时间为每周一到周五下午 3—6 点，服务内容与布鲁明顿男女生俱乐部类似，包括作业指导和主题活动，其特别的主题活动涉及职业选择和人生规划、生活技能、健康和性、体育和探险、领导和社区行动以及文化和遗产等内容。校车服务与布鲁明顿男女生俱乐部基本相同。

犀牛青年中心（Rhino's Youth Center）与前面两个机构有较多不同之处。它专门面向 13—18 岁的中学生服务，目的就是希望为中学生们提供一个安全有趣的环境，发挥孩子们的潜能。参加该机构的活动异常简单，无须报名，无须注册，无须缴纳会费，机构的大门随时向孩子们敞开，只要孩子们喜欢，在周一到周五下午 3—6 点的服务时间内来参加活动就好。这里不提供校车服务，也不提供专门的作业辅导。其特点是每天有一个固定的特色兴趣项目，从周一到周四分别是视频制作、视觉艺术、新闻杂志和广播录音艺术。这些项目不同于国内的兴趣班，没有固定的老师教学，只是给孩子们提供一些设备和空间，让孩子们自由发挥，通过创意媒体来发出他们自己的声音。

3 家机构的比较

机构	布鲁明顿男女生俱乐部	门罗县女生团	犀牛青年中心
是否隶属于全国机构	是	是	否
是否为独立注册的 501（C）3 组织	是	是	否，隶属于 harmony school 一所民办学校

续表

机构	布鲁明顿男女生俱乐部	门罗县女生团	犀牛青年中心
服务儿童的年龄	6—18 岁	6—18 岁	13—18 岁
服务儿童的性别	无要求	女孩	无要求
会员费	20 美元/年	55 美元/年	免费
每天常规服务时间	3：00pm—7：00pm	3：00pm—6：00pm	3：00pm—6：00pm
是否有课业辅导	是	是	否
是否有校车服务	是	是	否
是否提供下午餐点	是	是	是
是否有分支服务点	是	否	否
房屋属性	自有房	自有房	隶属于学校，缴纳少量租金

二 "晚托班"如何提供服务——以布鲁明顿男女生俱乐部为例

每天下午 3 点到 7 点，就是布鲁明顿男女生俱乐部最为繁忙的时间，孩子们乘坐不同的校车陆陆续续来到机构。通常中学生放学最早，大约在 3 点半到 4 点就可以来到布鲁明顿男女生俱乐部；小学生们则要到 4 点到 4 点半。孩子们从校车下来由布鲁明顿男女生俱乐部的工作人员引导进入机构大厅。前台的工作人员要记录下每一个孩子的名字。令我惊讶的是，前台工作人员能够记住每一个小孩的名字，一个个孩子几乎无须停留地从前台走过，他就记下孩子的姓名并录入电脑，等所有孩子到齐后就将签到表打印出来，供家长接孩子时签名。

孩子们进入机构大厅后，先把书包和外套放进储物柜，然后到不同的活动教室领取下午餐点，开始做作业。下午餐点通常是一盒牛奶、一个水果或一块小甜点等，每个孩子都只能领取一份。这些下午餐点一般来自社区食物银行（Hoosier Hill Food Bank）或社区厨房（Community Kitchen），无论是布鲁明顿男女生俱乐部还是会员孩子，都无须为此支付费用。做作业的时候，工作人员及志愿者们不会主动介入，但如果小孩需要帮助，工作人员会予以协助。自从成为布鲁明顿男女生俱乐部的会员，我女儿的作业基本都可以在这里完成。大约5点10分后，孩子们会根据年龄和兴趣在相应的教室内参加活动。这一活动不同于前面所说的特色课外课程，是比较松散式的兴趣活动，没有专门的老师带领。例如，我的女儿非常喜欢画画，几乎每天都在艺术室里自由创作，可以自行取用艺术教室里提供的各种画笔和材料。大约在5点50分，工作人员会宣布交换场地，引导孩子们选择另外一种兴趣活动。

从孩子们到达机构至下午7点之间，家长们可以在任意时间前来接孩子。前台工作人员看到一个家长，就可以立即说出相应孩子的名字并通过广播播报孩子姓名，示意该孩子从教室中出来。家长在签到表上签名后即可带孩子离开。

三 公益性"晚托班"的服务对象

看到这些公益性"晚托班"的价格如此低廉，人们不禁要问：谁可以参加？成为会员是否需要符合什么条件？答案是否定的。事实上，这几家机构的网站上都会清楚地写着：面向所有适龄儿童开放（当然，门罗县女生团有性别要求）。

尽管如此，布鲁明顿男女生俱乐部的CEO Jeff Baldwin介绍说，所有的孩子都可以成为会员，但是他们会重点关注低收入家庭，希望给低收入家庭的子女提供更多的教育机会，缩小因为家庭收入而产生的教育差异，让低收入家庭的孩子们可以通过教育改变自己的生活状态。据布鲁明顿男女生俱乐部统计，其39%的会员来自单亲母亲家庭，有48%的会员来自家庭年收入在4.5万美元的低收入家庭。低收入家庭的会员可以参加印第安纳州的一个学业测试，以了解孩子在加入布鲁明顿男女生俱乐部前后在阅读和数学成绩上的变化。2013年，布鲁明顿男女生俱乐部参加这一测试的孩子的数学和阅读成绩分别提高了87%和57%。

事实上，由于布鲁明顿男女生俱乐部所提供的服务是基础性的，即便是特色课外课程也是短期的、一般性的。希望孩子在课外发展某方面特长的家长，一定不会选择这里。机构通过基础性而非高端专业服务，自然筛选出了重点服务对象。

四 公益"晚托班"的社会网络

之所以几十美元的会费就可以支撑一个孩子一年的晚托服务，那是因为机构背后有来自美国全国及当地社区的强大的社会公益网络，不是一家机构在独自战斗。

第一，与全国总部的关系。布鲁明顿男女生俱乐部和门罗县女生团均属于美国全国连锁的课后服务机构。全美共有4000余家男女生俱乐部，所有地方机构都使用同样的名字和LOGO。全国总部给地方机构特许权，如果一个地方希望开一个新的机构需要向全国总部申请，全国总部会提供一些指南，指导地方机构成立及运营。成立之后，每一个地方机构都是独立注册的501（C）3组织，由独立的理事会决策运营，每一个地方机构都会结合自己的社区特点和历史传统打造本机构的特色。各个地方机构每年要向全国总部缴纳一定的会费，会费金额与地方机构每年的会员数挂钩，会员越多，会费越高。全国总部会给地方机构提供一些培训、参加会议、交流机会，以提高地方机构的管理能力；同时，全国总部会对地方机构进行监管，确保每一个地方机构不会滥用男女生俱乐部的名字和LOGO。总部还担负着面向全国范围的筹款等工作，通过电视等媒体制作统一的宣传片让美国民众了解这一机构，此外，总部还会向政府申请一些项目资金，并委托地方机构实施。

第二，与门罗县联合之路及其他会员的关系。本文提到的3家机构均为门罗县联合之路的会员，它们要符合门罗县联合之路对会员的资格要求，每3年参加一次会员资格评估。每年经过申请和评分后，得到来自门罗县联合之路的经费支持，作为非限定性资金使用。值得一提的是，门罗县联合之路成员之间有相当多的合作与交流，它们共同构筑了一个社会服务网络。例如，上文所提到的布鲁明顿男女生俱乐部与门罗县女生团共享校车资源。再如，同为门罗县联合之路会员的食物银行和社区厨房为本文的这3家机构提供免费的下午餐点，而布鲁明顿男女生俱乐部又会组织中学生会员到食物银行做志愿者，协助完成食品分装、打包等工作。又如，另一家会员机构妈妈橱柜（Mother Hubbard's Cupboard）以帮助人们形成健康饮食方式为宗旨，该机构就派有经验的志愿者老师到门罗县女生团，去给年轻的女孩们讲述营养知识，使其养成健康的生活习惯。

第三，与社区成员、企业及其他机构的关系。本文3家机构面向服务对象的收费显然是难以覆盖运营成本的。据印第安纳大学凯利商学院的统计，布鲁明顿男女生俱乐部的每个会员每年的实际成本高达580美元，弥补20美元到580美元之间的鸿沟，就需要来自各种渠道的捐赠。这些捐赠既包括一般的现金捐赠，也包含了物资、专业技术、人力资源等方面的支持。在现金捐赠方面，2013年捐赠超过5000美元的有当地的电信公司、酒水饮料零售商、可口可乐、联邦快递等；社区里的一些商家会在埋单的时候问消费者是否愿意为布鲁明顿男女生俱乐部捐款。在其他支持方面，社区的小企业结合自己所长，提供一些力所能及的帮助，例如比萨店会给布鲁明顿男女生俱乐部捐赠食品，影视公司会为机构免费制作宣传影片，运动俱乐部会提供教练等。在人力资源方面，2013年志愿者为布鲁明顿男女生俱乐部提供了超过9119小时的志愿服务，很多特色课程及作业辅导都依靠志愿者完成。可以说离开了志愿者，每天下午的晚托服务绝对无法进行。

五 思考与结语

孩子放学后去哪儿，是全世界家长都关心的问题。当中国的不少家长还在为小区内无任何执照的"晚托班"支付高昂费用的时候，美国的家长却能用几乎可以忽略不计的价格把孩子送到一个安全、规范、有趣的环境里。当地企业和民众愿意为这样的机构捐款，因为它的存在和服务不仅仅让会员及其家长受益，更让整个社区受益。据印第安纳大学凯利商学院的研究，人们对布鲁明顿男女生俱乐部每 1 美元的捐赠，可以为会员乃至整个社区带来 5 美元的收益；布鲁明顿男女生俱乐部一年的服务可以为整个社区带来超过 100 万美元的额外收益；家长们因延长工作时间而增加的年收入可达 587407 美元；政府的税收收入会增加 4687—30416 美元；当地企业增加的收入可达 66963 美元到 149200 美元……

器官移植儿童家庭的福音[*]

当听到医生说"你的孩子只有进行器官移植才可能有生存的希望"时，中外父母，无一例外，都会立即陷入巨大的打击和焦虑之中。即使有合适的器官可以移植，看到了孩子重生的希望，很多家庭也会面临突如其来的经济压力。虽然大部分患儿都可以通过医疗保险报销一部分费用，但是一旦孩子生病，所需费用远远超过了医疗费本身。儿童器官移植协会（Children's Organ Transplant Association，COTA）就是一家为这样的家庭提供帮助的非营利组织。它以"给人希望和创造希望"为愿景，为全美需要器官移植的儿童及青少年提供筹款援助和家庭支持。

儿童器官移植协会于 1986 年成立于印第安纳州的布鲁明顿小镇，源于一个小男孩需要肝移植。经过 29 年的发展，儿童器官移植协会从一个仅有几万人的欠发达地区的小镇起步，发展成为辐射全美的公共筹款机构，成立至今共帮助了各地的 2300 多个家庭。儿童器官移植协会的全体员工、理事会成员以及遍布全美的社区志愿者共同努力，携手帮助患儿家庭共度那些艰难时刻，创造生命奇迹。

概括地说，儿童器官移植协会就是一个筹款平台，它在需要器官移植的家庭与爱心捐赠人之间搭建了桥梁。本文希望通过对儿童器官移植协会运作流程的介绍展现出这个桥梁是如何搭建起来的。

---

* 本文主要内容出自徐宇珊《器官移植儿童家庭的福音》，《中国社会组织》2015 年第 14 期。

一 儿童器官移植协会运作的基本流程

儿童器官移植协会帮助患儿家庭的步骤大致可以分为申请、筹款、报销三个程序。首先，患者家属向儿童器官移植协会提出申请并签订协议，负责患儿移植手术的医生需要填写相关表格，并说明该患儿在未来有可能进行器官移植手术。为了确保信息真实及便于筹款，儿童器官移植协会要求每一位患儿都提供近期的正面清晰照片。之后，就开始筹款程序，招募并培训与筹款相关的志愿者。所筹资金全部进入儿童器官移植协会账户。儿童器官移植协会再根据患儿家庭提供的发票进行报销。筹款和报销是两个比较关键的步骤，下面进行详细的介绍。

二 儿童器官移植协会的筹款方式

1. 个性化地确定目标筹款额度

进入儿童器官移植协会主页，可以看到每位患者的目标筹款额度都是不同的。这是因为儿童器官移植协会会根据每个孩子及其家庭的具体情况，结合多种因素来估算每个孩子所需要的费用。经过多年的评估实践，儿童器官移植协会已经建立了相对比较客观完善的评估指标系统。器官移植的类型、小孩年龄与居住位置等，都是需要考虑的因素。例如，肾移植相对比较便宜，大约需要 10 万到 12.5 万美元；脐带血液移植需要 60 万到 80 万美元不等。再如，在小城市做手术的费用就会低于大城市。但是，由于每个个案都有其独特性，且器官移植的整个过程会有一些不确定性，因此即使是同样的器官、同一个地区、就诊于同一家医院，每个病人的情况都有所差异，其目标筹款额度也会不同。

从患者家属联系儿童器官移植协会提出申请到手术结束，通常需要 7—12 个月。其中，资金募集期为 6—7 个月。一般来说，患者等待器官移植的这段时间正好是资金募集的最佳时间，因为以往经验表明，一旦器官移植手术结束后，就很难筹集到资金。人们会认为手术已经结束了，孩子恢复了健康，而根本不会考虑到整个过程中所耗费的资金。

2. 依靠社区志愿者开展筹款活动

社区志愿者在儿童器官移植协会的筹款中扮演了非常重要的角色。以2013年为例，儿童器官移植协会共帮助了194个家庭，每个家庭的志愿者多则上百人，少则只有一人。假设平均每位患者有25—30个志愿者，那么全年共有5000—6000名志愿者服务。一般来说，社区志愿者大多数是患者居住地的熟人，例如患儿老师、教堂的热心人士、社区的老人等。最主要的志愿者称为社区协调人，一般由患儿家属自行选定后推荐给儿童器官移植协会。儿童器官移植协会会根据经验给患者家属一些寻找社区协调人的建议，例如比较了解患儿家庭并承诺愿意帮助他们，有比较强的组织协调能力，能够将良好的筹款意愿转变为现实的行动并最终募集到资金等。一旦选定社区协调员，儿童器官移植协会就与她/他直接联系，再由社区协调员带动其他的志愿者共同完成筹款工作。众多志愿者共同努力，把儿童器官移植协会这一机构所做的事情以及患儿父母所需要的帮助准确地传递给社会公众，让公众信赖儿童器官移植协会，愿意通过儿童器官移植协会捐款给有需要的群体。

儿童器官移植协会对社区协调员以及其他志愿者进行系统培训。若当地已形成了一个志愿者团队，儿童器官移植协会会派工作人员亲自前往患儿家乡，给整个志愿者团队进行当面培训。如果志愿者人数较少，儿童器官移植协会则会以电话会议等方式安排培训。培训内容包括介绍儿童器官移植协会的宗旨与定位、筹款流程、募款使用方向、患儿父母需求、媒体技巧等。培训之后正式开始筹款活动，每位社区协调员都会得到儿童器官移植协会给的一个用户名和密码，可以自行登录筹款页面，远程查看筹款进程。同时，儿童器官移植协会也可以看到每一名患儿的筹款情况。

3. 捐款人主要来自患儿所在社区

通常，为患儿捐款的人并不是来自千里之外的陌生人，而是同社区内与患者家庭有某些联系的人。比如同一个教堂的朋友、同一所学校的学生等，虽然他们不一定直接认识患儿及其父母，但是同在一个社区内生活，对患儿的家庭有所耳闻，愿意给这些孩子提供一些微薄的帮助。为什么这些社区内的"熟人"愿意选择把钱捐给儿童器官移植协会而不是直接给患者家属呢？除了可以收到由儿童器官移植协会开具的捐赠票据用于免税之外，最大的优点是儿童器官移植协会的一整套流程可以确保资金的专用性，由儿童器官移植协会替捐款者进行监管。反之，如果直接捐给患者家属，那么捐款人则很难知道捐款究竟用于救助孩子还是用于其他方面的家庭支出。

为每一名患儿募集到的资金先进入儿童器官移植协会的账户，由儿童器官移植协会根据既定的报销流程再给患儿家属。患儿家属如果直接接受捐款，这笔钱属于应纳税收入，如果由儿童器官移植协会事后报销则是患儿家属的免税收入。因此，通过儿童器官移植协会这一筹款平台，捐款人和受益人均得到了税收减免。

三 儿童器官移植协会的报销方式

筹款开始之后，患儿家属可以随时使用捐款。即便是在筹集到资金之前也可以先从 COTA 的基金中报销，等筹集到资金后再把预支的钱还到儿童器官移植协会的基金中。

儿童器官移植协会给患者家属报销费用的方式比较灵活，只要患者家属把发票、账单等提交给儿童器官移植协会，儿童器官移植协会就给他们报销。如果患者家属每个月提交一次，那儿童器官移植协会就每月支付一次；如果每周提交一次，儿童器官移植协会就每周支付一次。通常，从患儿等待器官移植到完成手术的这段时间内，儿童器官移植协会会随时收到患者家属提交的账单发票；在手术后的一两年中，儿童器官移植协会每3—4个月会收到一批账单。患儿家属从提供发票的第一天开始到孩子的一生都是有资格报销的，也就是说即便是做完手术20年后，只要资金有结余，那么依然可以报销。总之，每个家庭根据自身的情况选择提交频率，儿童器官移植协会也尽量地满足不同家庭的个性化需求。

如果某位患者因为病情发生变化，最终没有进行器官移植，那么依然可以从儿童器官移植协会报销在此期间与治疗相关的医药费用等；如果某位患者身故，那么儿童器官移植协会可以为他的身后事付费。在上述两种情况下，假设为该患者募集的资金尚有结余，那么这笔钱会纳入儿童器官移植协会的再分配基金（reallocation fund），用于那些资金筹措不成功的患者和费用超出募集资金的患者。也就是说，儿童器官移植协会的机制保证了所筹集的资金都用于需要器官移植的儿童身上。

儿童器官移植协会制定了详细的报销项目指南，原则上说凡是与器官移植治疗过程相关的、不能在医疗保险中报销的部分，都可以在儿童器官移植协会报销。例如，往返医院的交通费、住宿费，保险公司的免赔额（deductibles）等。儿童器官移植协会会给患者家属和志愿者们提供详细的报销说明，确保所有资金用于规定用途。

四　儿童器官移植协会的管理经费

儿童器官移植协会为患儿募集的所有资金均用于患儿本身，那么儿童器官移植协会的管理经费又从哪里支出呢？儿童器官移植协会可以利用捐款到账与患儿父母报销的时间差获得利息收益。目前，儿童器官移植协会依靠过去近 30 年积累起来的利息进行投资，投资回报用于机构的员工工资及行政管理费用。2014 年 6 月底的财务数据显示，儿童器官移植协会已经积累了近 3000 万美元的净资产，依靠资产投资收益，可以实现机构自给自足、良性运转。同时，儿童器官移植协会也会专门为机构的行政开支进行一些专项筹款。

五　思考与结语

在儿童器官移植协会的这一筹款平台上，志愿者们负责一线的筹款活动，儿童器官移植协会的员工负责审核票据、报销付款，而患儿父母就可以把全部精力用于孩子的治疗本身，而无须再考虑钱的问题。儿童器官移植协会将传统的熟人之间的救助行为上升为基于信息技术的现代公益，一方面保持了熟人社区里传统慈善中的个性化特点，满足了捐款人对于捐赠效果的直观感受；另一方面将救助流程公开化、标准化、系统化，可以服务于更广泛的人群，发挥更大作用。

与国内近几年兴起的"轻松筹"也是依靠熟人间的"强关系"进行筹款相比，儿童器官移植协会的筹款模式与其既有共性又有差异。

第一，谁来设定筹款额度。儿童器官移植协会的每个患儿的筹款目标额由儿童器官移植协会经过一套指标体系计算后得出，而国内"轻松筹"等以个人为主体发起的筹款是当事人自己设定的额度。两者的公信力孰高孰低，一目了然。

第二，谁是捐款者。儿童器官移植协会的捐款者是以患者所在社区的熟人圈子为基础的，这与"轻松筹"通过朋友圈所扩散的捐款有相似之处。儿童器官移植协会的社区志愿者所发挥的作用与"轻松筹"患者朋友圈中亲近的熟悉人的作用类似，在筹款动员及传播过程中扮演重要角色。

第三，款项如何使用。儿童器官移植协会的款项使用由儿童器官移植协会进行审查，根据实际支出事后报销，这种方式确实需要大量的人力物力跟进。国内一些公募基金会的个人捐款管理也有类似步骤。"轻松筹"基本上是一次性地把所募集的款项转给求助人，简单快捷，但也失去了平台的后续监管作用。

第四，救助何种类型的患者。儿童器官移植协会所关注的受助人范围明确，但又千差万别。需要器官移植的儿童是其受助人，但不同的器官移植又有不同的个性化需要。这与"轻松筹"相比，聚焦于面向各种人群的各种大病救助，又比单一病种如"儿童先天性心脏病"等多元。因此，这个平台在锁定目标受助人的同时，为受助人提供个性化服务。

总的来看，儿童器官移植协会不仅仅是一个筹款的技术平台，不仅在募捐环节发挥作用，而且它是一个专门服务于儿童器官移植家庭的专业筹款和资助平台，是持续服务于救助人和捐赠人的中介与桥梁。由于它的专业，它可以为患儿家庭提供最精准的帮助，可以替捐赠者进行最全面的审核。

对一个筹款平台而言，社会公信力对其生存发展至关重要。儿童器官移植协会是美国指引星（GuideStar①）的银牌会员，在透明度指标方面得到了 60 分满分，机构运营及其受助家庭的各种信息均可以非常便捷地在机构官网上找到，任何人都可以找到相关信息。正是这份充满自信的公开，为儿童器官移植协会赢得了众多爱心捐款者的信赖，也赢得了众多需要器官移植的患儿家属的赞誉。

---

① GuideStar 是一家专门为非营利组织提供信息服务的支持性组织，见 http://www.guide-star.org。

第二篇

公益生态网络

在美国调研时，当我调研了两三家组织时，觉得组织的运作挺有特色；但是当我调研了七八家甚至更多的时候，会发现这些组织与组织之间的故事更为美妙。在这个组织调研，会听到另一个组织的故事；面对一个CEO，会聊到他与其他机构负责人之间的友谊。美国一个普通小镇上的非营利组织之间的网络联系之紧密、广泛、深入，确实超出想象。几乎每个组织都会与其他多个组织建立联系，各个组织之间形成了一个紧密的非营利组织网络结构。

尽管没有所谓的"孵化基地"等场所或称谓，但小镇上的图书馆、社区基金会、联合之路乃至大学，真正起到了社区公益引擎的作用，从社会资本到物质资本，从信息支持到智力支持，都在为一线非营利组织提供全方位的支持服务，引领整个社区的公益生态。

不同的非营利组织，有的筹钱，有的筹物，有的提供服务；居民参与公益活动，有的捐钱，有的捐物，有的进行志愿服务。无论是钱还是物，无论是有形的服务还是无形的资源，其实最核心的都是通过慈善资源的募集和分配，加强社区中各种各样人的联系，提升社区的社会资本。

一年的访学，最大的收获莫过于可以融入美国人的生活之中，作为一个普通居民而非研究者去体验他们的日常生活。这是在书桌前看多少篇文献、在教室里听多少堂课都难以体会到的。不必刻意地去寻找，志愿、公益，就在你的身边，马路旁的广告、公寓发的邮件、小孩学校的通知……无不在传递公益慈善的信号，让我更加真正地切身体会到了托克维尔笔下的美国人的志愿互助精神。

在美国结识的中国其他访问学者和中国留学生也都或多或少地参与了各

种志愿服务。即便是没有参与美国当地机构组织的志愿服务，他们也一定在通过各种"互助"的方式传递爱心。这固然有身在异乡、抱团取暖的缘由，但几百年前刚踏上新大陆的人们流传下来的互助传统的渊源不也正是如此吗？

社区公益引擎之社区基金会

——以布鲁明顿和门罗县社区基金会为例[*]

社区基金会作为社区的召集者、变革催化者、资金整合者，在社区发展中扮演着重要的角色。世界上第一家社区基金会——克利夫兰基金会于 1914 年在美国成立，经过一个多世纪的发展，美国的社区基金会已经遍布各州，数量和资金量都达到了非常可观的程度。[①] 在印第安纳大学布鲁明顿校区所在地的社区基金会，名为"布鲁明顿和门罗县社区基金会"（Community Foundation of Bloomington and Monroe County，CFBMC），是当地重要的社区公益支持者。

一 发起和成立：社区精英的推动与礼来基金会的支持

布鲁明顿和门罗县社区基金会成立于 1989 年。根据基金会的 CEO Tina 女士的介绍，基金会的成立主要是受到当地精英的推动与礼来基金会（Lily Endowment）的支持。"当时的县长 Tomilea Allison 发现门罗县有非常多的非营利组织，分布在不同的领域，然而却缺少一个能够将社区的不同需求和这些 NPO 对接与整合起来的组织，于是她决定推动建立一个社区基金会。

[*] 本文主要内容出自徐宇珊《以"永久捐赠基金"为基础的社区基金会——以布鲁明顿和门罗县社区基金会为例》，《中国社会组织》2015 年第 7 期；朱照南：《社区基金会的发展路径与挑战——以美国印第安纳门罗县社区基金会为例》，《中国社会组织》2016 年第 9 期；徐宇珊：《灵活性：社区基金会的魅力》，《公益慈善学园》2016 年 6 月 10 日。

[①] 截至 2010 年，美国共有 734 家社区基金会，总支出达到了 42 亿美元，见 http://foundation-center.org/gainknowledge/research/pdf/keyfacts_comm2012.pdf。

当时她的建议受到很多人的质疑，因为我们当地已经有很多基金会，我们有印第安纳大学教育基金会、医院基金会等，是否有必要再建立一个基金会？面对这些质疑和阻碍，她不断地去倡导和说服社区的人们，我们的确需要一个社区基金会。最后，当时的印第安纳大学的校长 Herman B. Wells 出面支持 Allison 的建议，他认为 Allison 是对的，'我们的确需要一个社区基金会'。"① 于是，1989 年布鲁明顿和门罗县社区基金会成立，基金会得到了第一笔 50000 美元的捐赠，随后越来越多的当地精英逐渐参与到基金会的运作之中。

紧接着，1990 年，印第安纳州的礼来基金会发起了社区基金会运动（Giving Indiana Funds for Tomorrow）。当时，礼来基金会希望更好地帮助社区发展，回应社区需求，但又无法确切地了解每个社区的需求，就想到帮助每个县成立一个社区基金会，借此来实现社区发展。目前，印第安纳州的 92 个县都至少拥有一个社区基金会，社区基金会数量位于全美各州之首。时至今日，礼来基金会依然对全州各个社区基金会有着巨大的影响，例如举办培训和进行交流，指导各个基金会如何提高组织能力，设立配比资金鼓励基金会筹款等。

布鲁明顿和门罗县社区基金会的服务范围覆盖整个门罗县，该县人口约为 13 万人。最初，该基金会的名称是布鲁明顿社区基金会，布鲁明顿是门罗县政府所在地，也是该县最大的城镇。后来该基金会希望将服务扩展到全县所有地域，但考虑到改名字容易引起误解，就索性直接将门罗县加在了后面。成立至今，该基金会已经拥有 195 个基金，资产总额已达 2500 万美元。

二 社区基金会的资金特点：永久捐赠基金（Endowment）

美国社区基金会在资金运作方面的典型特点就是设立若干永久捐赠

---

① 笔者于 2014 年 10 月对布鲁明顿和门罗县社区基金会的访谈记录。

基金，不动本金，依靠基金产生的利息进行资助。笼统地说，这些基金可以分为限定性基金和非限定性基金。限定性基金是指定了用途或机构的资金，基金会的理事会拥有较小的决策权；而非限定性基金是基金会理事会可以自行决定用途的基金，其好处是为基金会提供可以灵活使用的资源，让基金会可以面对社区中不断变化的迫切需求及时提出解决方案。

（一）非限定性基金

目前，布鲁明顿和门罗县社区基金会的 195 个基金中，有 25 个非限定性基金。非限定性基金主要用于三个方面的资助，一是筹款配比资金，二是儿童早期教育项目，三是影响力资助项目。

筹款配比资金（Matchstick）是布鲁明顿和门罗县社区基金会为激励非营利组织筹款，扩大组织捐赠基金的一项举措。该项目的实施方式是，由非营利组织向基金会提出申请并确定筹款目标额，如果本机构自己的筹款额度达到预定目标，基金会则会给出相应比例的配比资金。目前非营利组织筹款额度与基金会的配比是 2：1，即组织自行筹到 2 美元，基金会配给 1 美元。该基金会认为，建立配比资金是一个双赢的举措，让基金会与社区其他非营利组织建立长期的合作关系，帮助其他非营利组织建立长期捐赠基金，扩大机构实力。

儿童早期教育项目是基金会理事会根据社区需求自主发起的公益服务。根据调研，基金会理事会发现儿童学前教育是门罗县公共服务中的一项空白。这是因为印第安纳州政府没有专门的面向 0—5 岁儿童的学前教育资助，而基金会认为 0—5 岁这一阶段的教育对人一生的长远发展特别重要，因此理事会决定设立早期儿童教育项目，希望通过此项目能够改善门罗县儿童早期教育的状况，为孩子做好入学乃至一生的准备。该项目的运作包括几个方面。一是为愿意开设幼儿教育（在美国，5 岁以前的幼儿教育称为 pre-school，不在公立教育体系之内）的公立学校提供资助，由学校投入硬件设备，基金会支付教师工资，目的是希望通过降低学校的运行成本而降低幼儿学费，从而让低收入家庭也可以享受到高水平的学前教育。二是为全县超过 80 所幼儿教育机构提供儿童早期阅读指导和培训，从而帮助孩子们提高阅读水平。三是编辑出版带有地方特色的儿童书籍。例如，在该项目的资助下，出版了 *B for Bloomington* 一书，这本书以 26 个英文字母为切入点，介绍了与每个字母相关的布鲁明顿的社区资源，不仅帮助孩子们了解所居住的社区，也为家长提供了丰富的亲子活动资源。据布鲁明顿和门罗县社区基金会的 CEO Tina 女士介绍，基金会希望通过这本书，给家长提供一些社区资源，指导家长有效地陪伴孩子。

影响力资助项目（Community Impact Fund）是面向全县的非营利组织，由组织根据自己的业务范围自行设计项目申报。这些项目主要聚焦社区内尚未被满足的需求和有待解决的社会问题，基金会鼓励非营利组织提出解决这些社会问题的创新方案。据 CEO Tina 女士介绍，一般每年有 30—60 个项目提出申请，2013 年有 62 个项目提出申请，共批准实施 16 个项目，每个项目的资助额度从 1 万美元到 5 万美元不等。2015 年布鲁明顿和门罗县社区基金会预计在该项目上总计资助 32.5 万美元。这一项目的评审过程与国内的公益创投类似，一般由非营利组织提交项目申请，基金会的工作人员进行一般性初审后，提交专门的评估委员会，由该委员会集体讨论，最后决定哪个项目中标。项目中标后基金会与项目执行机构签订协议，规定如何使用资金。

与政府给非营利组织的资助相比，社区基金会的影响力资助项目更为灵活。这种灵活性体现在项目类型、项目评估及资金拨付等诸多方面。

一是项目类型的多样化。项目类型及资助内容的多样是导致其他各种灵活性的根源。社区基金会的影响力资助项目的涵盖范围广，从社区服务到文化艺术，都有可能获得资助。这一资助领域比同样作为当地社区支持性组织的联合之路更为宽泛，联合之路只关注社会服务类的组织。与此同时，所资助的款项用途各异，有的用于购买大型固定资产，如校车；有的用于聘请员工；有的用于直接对受益群体的服务。

难道社区基金会的资助没有标准？事实上，布鲁明顿和门罗县社区基金会的影响力资助项目有三条优先性原则。这就是对解决社区关键问题提出创新性的或变革性的方案；跨组织或跨行业合作，以提高组织的影响力和有效性；有机会开展能力建设，发展成为高效和可持续性的组织。在这三条原则下，具体申请什么项目比较灵活。

二是根据不同项目特点进行评估。影响力资助项目没有统一的评估时间和评估指标，而是每个项目根据自己的情况制定目标，记录产出和成果。每个项目都会向社区基金会提交结项报告，而社区基金会的项目主管也会根据不同项目的特点，在项目进展过程中要求被资助方递交相关报告，以确保项目的顺利实施。社区基金会的项目主管认为，影响力资助项目涉及的领域和范围非常广，不同领域的项目很难用不同的指标来评估，因此灵活地采用单个项目独立评估的方式。

这些项目的评估时间就更为灵活了。因为有些项目的影响力很难在短时间内看出来，需要持续跟踪。例如，衡量一项服务于学前儿童阅读的项目究竟是否有助于儿童未来的学业发展，需要几年的时间进行追踪，从孩子幼儿园到学前班到小学，持续关注服务对象的发展情况。对于这样的项目，社区基金会会要求项目执行方在结项后的三五年中继续提交跟进的报告。于是，我们会发现，社区基金会的"影响力资助项目"评估的重点是影响力，看这个项目是否做到了把社区变得更好，这真正体现了项目的成效。而很多项目的成效要有一定时间的积累，因此评估时间要因项目而异，灵活处理。

三是根据项目特点拨付资金款项。不同的影响力资助项目对于资金的要求有很大差异。社区基金会在项目款的拨付上依旧没有一刀切，采用传统的首、中、末期按比例拨付的方式，而是依据不同项目的特点灵活拨付。例如，如果一个组织申请的项目资金用于聘请员工，那么通常社区基金会会按季度拨付或每半年拨付一次，需要项目方提交一些文件，证明这些资助用于支付员工的工资。再如，购买大型固定资产，如校车，通常一次性支出金额较大，那么在项目方确定购买后，社区基金会会开出支票，一次性拨付款项。总之，社区基金会的项目主管会跟进每一个项目，根据项目性质和机构的需要确定拨款方式，灵活地满足项目的实际需求。

可以发现，社区基金会非限定性基金的共同点是，基金会的理事会对该基金如何使用拥有较大的决定权，非限定性基金的使用是社区需求导向的，是基金会影响社区发展的重要工具。对于社区基金会而言，非限定性基金更有利于其实现社区的长远发展，它可以资助社区中尚未引起广泛关注的或政府缺位的公共服务，可以资助社区其他非营利组织的创新性项目。尽管目前布鲁明顿和门罗县社区基金会非限定性基金仅占总资金的1/5，可是这些资金起到了重要的催化剂作用。

（二）限定性基金

与非限定性基金相对的是限定性基金。尽管对于基金会而言，限定性基金的使用灵活度没有那么高，但是它们对社区基金会依然非常重要。如果说非限定性基金是社区基金会满足社区需求的工具，那么限定性基金就是社区基金会响应捐赠者需求的工具，这类基金的存在就给捐赠者最大的灵活性。由于社区基金会的资助领域非常宽泛，捐赠者的捐赠意向通常都会涵盖在社区基金会的资助领域中，捐赠者可以通过设定专项基金来满足其特定捐赠需要，每一个专项基金都可以专注于某一资助领域中的一个特定范围，而这一特定范围通常是其他类型的基金会不会关注到的。目前，布鲁明顿和门罗县社区基金会的限定性基金包括如下几种类型，每种类型的限定性程度有所不同。

一是捐赠者建议基金。这种基金的最大特点是捐赠者与基金会密切联系，深入参与，每一年都可以提出基金收益的具体分配方案，例如捐赠什么领域，或是捐赠哪个机构。例如，在门罗县，曾经有一个捐赠者，希望每个人开车经由37号公路进入布鲁明顿的时候，都可以看到美丽的景象，于是希望捐款设定一个基金，专门用于美化这一路段。这一想法符合社区基金会资助环保领域的范畴，捐赠者的意愿得以实现。社区基金会要做的重要工作就是与捐赠者交流，帮助捐赠者更好地了解社区需求及当地非营利组织的状况，给捐赠者提出合理化建议，帮助捐赠者更加富有智慧地选择资助对象。目前布鲁明顿和门罗县社区基金会有40个捐赠者建议基金，每年大约提供15.5万美元的资助。据CEO Tina介绍，美国政府不喜欢这种基金，担心捐赠者有关联交易，怕通过这种捐赠达到免税目的的同时将钱指定捐给与自己有关联的机构或个人。

二是特定机构基金，即该基金当年的收益直接拨付给指定的非营利组织，机构根据需求自行使用。目前已有约80家本地非营利组织从中收益，布鲁明顿和门罗县社区基金会每年这方面的资金资助超过20万美元。特定机构基金既可以由非营利组织自行设立，也可由捐赠者捐赠时指定设立。例如，某位捐款者希望支持食物银行，进而通过食物银行帮助社区内饱受饥饿的人，那么他可以捐款注入社区"食物银行"在社区基金会的专项基金，每年可以将资金的增值部分用于资助食物银行。特定机构基金可以理解为非营利组织委托社区基金会理财的方式，由社区基金会代替非营利性机构管理实现资金保值增值，免去了非营利组织自行投资的烦琐事务，是专业机构做专业事情的体现。

三是特定领域基金。通常由捐赠者提出一个大致领域，基金会根据捐赠者意愿，资助该领域的机构。

除了上述三类，限定性基金还包括机构运营专项基金、奖学金基金和非长期性基金等。可以看出，对于限定性基金，基金会的理事会拥有较小的话语权，基金收益如何使用要么取决于捐赠者的意愿，要么在设立之初就已经规定好。基金会要做的主要是保证基金收益，并确保收益用于指定用途。当然，基金会的工作人员可以通过自己的专业知识提出建设性意见，从而影响和引导捐赠者。

（三）永久捐赠基金的收益

社区基金会每年的资助主要靠永久捐赠基金的收益。因此，确保基金的投资收益对于社区基金会就非常重要。社区基金会的投资总目标是建立一个广泛且分散的投资组合，降低风险，提高收益，确保基金会的收入增长可以跑赢通货膨胀。布鲁明顿和门罗县社区基金会理事会制定了投资政策指南，所有基金的投资都要遵照该指南执行。理事会聘请外部顾问定期评估投资执行情况，以确保投资战略符合政策指南。为确保投资收益，布鲁明顿和门罗县社区基金会聘请了梅森投资咨询服务公司，协助基金会进行投资。

近几年，布鲁明顿和门罗县社区基金会的投资表现一直不错。基金会官网显示，2012 年基金的投资回报率达到了 14.3%，高于同规模社区基金会 12.6% 的平均水平。① 另据 Tina 介绍，预计 2014 年的投资绩效非常可观，可以达到近 20%。但由于每年的投资收益必有波动，因此即便是投资丰收之年也不可能一次花光，2014 年的资助比例与往年基本持平，一般为基金余额的 8%—9%。

三　布鲁明顿和门罗县社区基金会的四个发展阶段

布鲁明顿和门罗县社区基金会成立至今的二十几年间，基金会经历了从初创到成熟的过程，按照基金会在各个阶段的主要角色和功能，大致可以划分为四个阶段。这一过程也基本上代表了美国大多数社区基金会的发展路径。从这一发展历程中也可以清晰地看出一个社区基金会限定性基金与非限定性基金的设立过程（见图 1）。

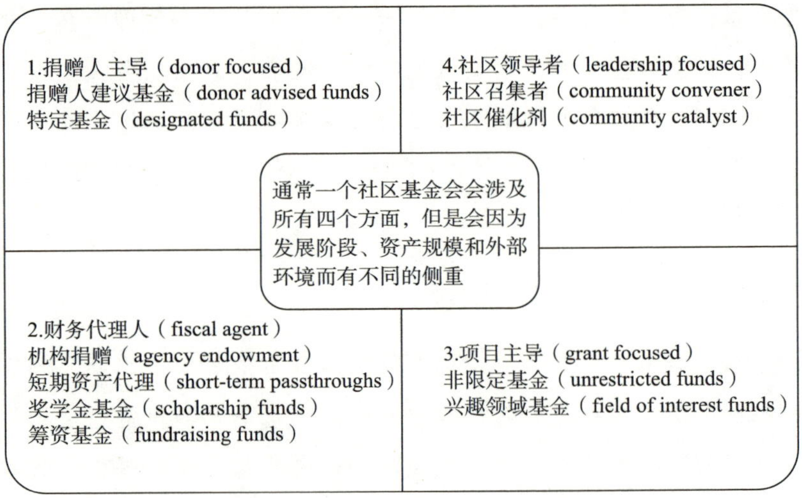

图 1　社区基金会的四个发展阶段

1. 第一阶段：捐赠人主导

像大多数的社区基金会一样，布鲁明顿和门罗县社区基金会最初建立

① http://www.cfbmc.org/wp-content/uploads/2013/05/Annual-Endowment-Report-December-31-2012.pdf.

主要是受捐赠人的兴趣主导，基金会最初的项目主要与捐赠人的意愿偏好与关注的领域相关。例如，捐赠人希望资助动物保护，那么基金会就设立动物保护项目；如果捐赠人希望资助儿童教育，那么基金会就设立儿童教育基金。总之，基金会发展初期主要聚焦在一些捐赠人在意的具体领域和具体项目上。捐赠人主导模式下主要包括两类基金，即捐赠人建议基金，也就是捐赠人指定服务领域，基金会按照这一领域的具体需求分配基金；特定基金，是指专门为支持某个组织而设立的基金。

2. 第二阶段：财务代理人

根据 Tina 介绍，她发现很多社区基金会基本停留在第一阶段不再向前发展。而布鲁明顿和门罗县社区基金会继续发展，从以捐赠人为主导逐渐地转向更加主动地为社区内非营利组织服务。当基金会得到越来越多的捐赠，也获得社区越来越多的信任，尤其是社区里已有的非营利组织的信任，这时候基金会就开始向财务代理人的角色慢慢转变，即帮助社区内的非营利组织进行财务管理或设立永久捐赠基金。目前布鲁明顿和门罗县社区基金会帮助社区内约 80 家组织管理资产，这些 NPO 将筹集的资金存放在社区基金会，即形成特定机构基金，社区基金会帮助它们进行投资和管理，获得的收益用于支持这些组织的日常运作，这一方法帮助很多社区组织解决了管理和行政资金的问题。

3. 第三阶段：项目主导

随着基金会在社区的影响力越来越大，捐赠人对基金会的信任达到很高的程度，他们相信基金会是社区利益的最佳代表，相信基金会会代表社区总体作出最佳的决定，分配社区的资源。这时候基金会就向项目主导模式发展，以非限定基金和兴趣领域基金为主。也就是说，社区基金会有越来越大的自由自主决定如何使用和分配社区的资源，以实现社区利益最大化。"例如，基金会希望支持门罗县地区的儿童早教，我们可以选择以任何方式支持任何社区内服务儿童的 NPO，只要他们的活动能够满足这一领域的需求，这就是兴趣领域基金。"[①] 非限定性基金的增多，为社区基金会提

① 笔者于 2014 年 10 月对布鲁明顿和门罗县社区基金会的访谈记录。

供了更大的自主权去开展最有利于社区长远发展的项目。

4. 第四阶段：社区领导者

社区基金会发展的最高阶段就是成为社区内被广泛认可的社区领导者，其主要的功能是召集社区居民参与公共事务，推动社区内部的创新和改革，提升整个社区的凝聚力，带领整个社区形成共同体。例如，前面提到的儿童早期教育项目，就是社区基金会发挥社区领导力的典范。正如 Tina 所说："你知道，政府目前并没有针对 5 岁学前儿童早教的资助，为了满足社区内这一非常重要的需求，基金会就要发挥社区领导者的角色，我们需要去寻找和整合资源，将来自各方面的支持进行恰当的配置，最终推动项目的开展和实施。这个项目本身就是一种创新，社区基金会就像催化剂，激活社区内已有的资源共同来满足社区内部的需求，推动社区的进步和改变。"

经过 20 多年的发展，目前基金会已经逐渐成为门罗县的社区领导者，以上四个阶段就是社区基金会从初创到成熟的发展过程，也是一个基金会慢慢获得社区信任的过程。不过，需要说明的是，这四个阶段并不是一个更替的过程，而是一个功能逐渐叠加的过程，不同的基金会也会因为具体的社区环境不同而有所侧重，或者停留在某一个阶段。布鲁明顿和门罗县社区基金会目前已经经历了这四个发展阶段进入成熟期，在门罗县扮演着重要的社区领导者的角色。

四　社区基金会发展面临的挑战

社区基金会从初创到成熟必然会面临和克服各种各样的挑战，根据 Larry E. Greiner 的组织生命周期与组织变革模型，组织发展要经历创造阶段、指导阶段、分权阶段、协调阶段、合作阶段，在这五个阶段分别要克服的主要危机包括领导力危机、自主性危机、控制危机、官僚危机和其他成长危机。[1] CFBMC 的成长过程也经历了类似的组织成长危机，除了面临这些普遍的组织成长危机，社区基金会这种独特的组织类型面对的挑战主要来自

---

[1]　Larry E. Greiner, "Evolution and Revolution as Organizations Grow," *Harvard Business Review*, 1998 May-June, pp. 5 - 8.

三个方面。

（一） 社区基金会如何获得公信力？

社区基金会作为一种中介型、支持型组织，与直接的服务类组织有很大的区别，如何向捐赠人和社区居民证明基金会存在的意义和工作的价值，也就是如何获得社区公信力，是其面临的首要挑战。Tina 认为踏实做事的同时进行广泛的公众教育是布鲁明顿和门罗县社区基金会的主要经验。她说："如果你向一个直接提供服务的 NPO 进行捐赠，例如捐钱或物品给 Goodwill，你可以很清晰地知道你捐赠的资金的去向和产生的价值。但是，社区基金会是一种中介型组织，我们无法简单、直接地向捐赠人和社区居民说明我们工作的价值和意义到底有多大，也很难告诉人们为什么设立永久捐赠基金（不动本基金）对社区的长远发展很重要，此外，还要让捐赠人信任基金会可以对这些资金进行长久、有效的投资。总之，社区基金会需要做大量的公众教育和倡导的工作，以赢得社区居民和捐赠人的理解与信任。最关键的是赢得一些社区精英的支持，让他们共同参与解决面临的困难，这个过程非常挑战，需要花费大量的时间，不过我们的长久坚持和努力还是帮助基金会赢得了广泛的信任。"

（二） 社区基金会如何处理管理成本问题？

社区基金会接受捐赠的资金多种多样，包括支票、股票、现金等，人们可以使用非常多样化的工具为社区进行捐赠，而社区基金会要有效地管理这些捐赠的资金非常复杂，要争取捐赠人支持社区基金会使用部分资金用于运营管理也是一个重要的挑战。捐赠人都希望捐赠的资金更多地用于直接服务，而不是管理运营，要让更多的人明白基金会运营管理开支的必要性，也希望花费大量的努力去与捐赠人进行沟通和进行公众教育。除了进行引导教育，布鲁明顿和门罗县社区基金会也在基金管理方面做了规定，即规定了在基金会设立个人基金的最低限额。"为了更好地管理近百个基金，我们需要设置一些标准，例如我们规定在社区基金会设立基金的最低限额是 20000 美元，如果低于这一金额我们管理资金的人力成本就会过高；

而对于奖学金基金会设立的要求则是不低于 50000 美元。"这样就保证了基金会的管理成本能够维持正常的运营。

（三）社区基金会如何平衡捐赠人意愿与社区需求？

社区基金会不仅是整合社区资源和促进社区发展的领导者，对于社区居民而言，基金会也是可以实现其公益梦想、建设家乡的重要平台。每个捐赠人都希望通过设立基金去实现个人的公益梦想，不同的捐赠人会关注不同的问题，可能当下他们捐赠的领域并不是社区优先级最高的领域。因此，社区基金会需要平衡捐赠人意愿与社区需求之间的差异。"一个妇女曾经对我说，她想用遗产设立一个基金建立一个花园，为社区内的人提供冥想的场所；还有一个人希望在基金会设立一个基金用于支持将他的绘画作品每年在欧洲进行展览……面对这些要求，我们只能说基金会无法帮其完成。我们需要在工作中不断地与捐赠人进行沟通，引导他们将资金投入社区最需要的项目。"[1] 因此，社区基金会要提高科学管理水平，在服务社区的同时坚守组织的边界和原则，并非所有的捐赠人意愿都是合理的，要能够甄别与合理地拒绝，这也是社区基金会能够长远发展的制度保障。

五　思考与结语

通过对布鲁明顿和门罗县社区基金会这一较为典型的美国中小型社区基金会的发展进行梳理和分析，我们可以发现，美国社区基金会以设立永久捐赠基金为基础，伴随着永久捐赠基金类型的推演，往往大致经历"捐赠人主导—财务代理人—项目主导—社区领导者"这样四个阶段，从最初的满足捐赠者需要逐渐过渡到满足社区需求，成为社区领导者。当然，这一发展过程会因不同的基金会所处的社区环境而有所不同。

如果说硅谷社区基金会是美国社区基金会中"高大上"的典型，对于中国刚刚起步的社区基金会而言可望而不可即，那么，布鲁明顿和门罗县

---

[1]　笔者于 2014 年 10 月对布鲁明顿和门罗县社区基金会的访谈。

社区基金会可以算是在美国欠发达地区中规中矩的社区基金会，对中国的社区基金会或许更有借鉴价值。

第一，循序渐进地建立"永久捐赠基金"。尽管永久捐赠基金是社区基金会的特色，但在中国社区基金会发展初期，让捐赠者接受这一理念需要一定时间。就连 Tina 也认为，社区基金会最大的挑战源于给捐赠者的解释，需要说服捐赠者不动本金而花利息，长久地持续地支持社区发展。中国社区基金会发展初期，可以在尊重捐赠者意愿的基础上，与捐赠者共同商议资金使用方式，只要该资金有利于社区发展，那么就起到了社区基金会最初始的作用。在发展初期，不一定强求按照美国社区基金会的模式，建立永久捐赠基金，但在发展过程中，可以逐渐引导和影响捐赠者，循序渐进地扩大基金会的长久基金蓄水池。

第二，社区基金会要把响应社区需求放到首位。社区基金会无论怎么筹款、怎么运作，其根本作用就在于用社区中的资金解决社区中的迫切问题。社区需求不是靠捐赠者拍脑袋决定的，而是社区基金会的理事会带动社区专业人士及公众进行充分的社区调研后发现的。那些政府、市场及其他社会组织都未关注到的，但影响社区发展的项目，就是社区基金会应当资助的重点。社区基金会从初创到成熟发展过程的核心，就是一个社区基金会逐渐获得社区信任、资源整合的能力不断加强、对社区需求的把握不断加深的过程。

第三，与社区其他公益组织建立伙伴关系。社区基金会不是直接提供服务的组织，不能直接提供社区公共服务，解决社会问题。社区基金会对社区发展的作用要依靠其他非营利组织的服务来实现。社区基金会透过分配永久捐赠基金的收益，起到社区支持型组织的作用。如上所述，通过"特定机构基金"、"筹款配比资金"和"影响力资助项目"等不同方式为社区其他非营利组织提供资金支持。"特定机构基金"体现了运作型非营利组织与社区基金会"术业有专攻"的特点，让以提供服务为主的非营利组织专注于提供服务，把投资的工作交给社区基金会来完成。"筹款配比资金"中，社区基金会帮助其他非营利组织扩大本机构的资金蓄水池，增加组织的长期非限定性资金收入。而"影响力资助项目"就像是种子基金，资助非营利组织实施那些能够解决社区问题的优秀项目方案。

第四，在理事会的指引下，委托专业机构进行投资理财，扩大资金收益。虽然目前中国的社区基金会因缺少长久捐赠资金，还处于"无财可理"的境地，但未来投资理财一定是社区基金的发展方向，且要成为社区基金会区别于其他非营利组织的专业特点之一。将基金放在银行作为定期存款固然安全稳妥，但实为对公益资产不负责任的表现。在理事会的指导下，通过专业机构进行安全、有效的投资，是社区基金会必然要走的道路。

第五，发挥社区基金会"小而美"的独特魅力。源于社区，用于社区，社区基金会最接近社区捐赠者和受益者，最了解社区的实际需求，用小而灵活的方式达致引领社区的目标。既可以通过非限定性基金，灵活地设定项目，满足社区中多样化的服务需求，又可以通过限定性基金，灵活地满足不同捐赠者的需求。这是社区基金会的魅力所在。目前我国各级政府均有面向社会组织及公益项目的资金资助，但政府资金的项目资助往往要遵循统一的申请模板、统一的拨款方式、统一的评估时间和指标体系，统一化和标准化固然有助于降低监管成本和规范项目运作，但无法体现每个项目自身的特色，难以体现项目的个性化情况，最有价值的元素往往因统一化的标准而模糊。而社区基金会在进行一些社区项目的资助时，可以打破统一的模式，根据社区实际需要灵活性地选择项目并监管评估，也可以根据捐赠者的需求灵活地设计一些社区项目。

社区公益引擎之联合之路

——以门罗县联合之路为例[*]

提起 United Way（中文一般译为联合之路或联合劝募），国内公益圈的朋友们应该都不会陌生。过去在课堂上，我们既学习过 United Way 的募款之道，也了解到它曾经出现过的腐败丑闻。在我过去的印象中，只会把 United Way 与筹款联系在一起，但当我走近门罗县联合之路（United Way of Monroe County，

UWMC）时才发现，尽管其成立初衷是为了给非营利组织联合筹款，降低筹款成本，但时至今日，筹款仅仅是其作用之一，或者说是实现其宗旨的手段之一。

一 门罗县联合之路的价值与宗旨

联合之路于 1887 年在美国丹佛成立，其缘起是降低各慈善公益机构的筹款成本，以联合劝募的方式募款，再将所募集到的慈善款分配到会员机构中。门罗县联合之路是美国 1300 多个地方联合之路之一，服务于门罗县及其邻近的欧文县（Owen County）和格林县（Greene County）。

门罗县联合之路的价值和宗旨是什么？是筹集更多的资金吗？其官网上写道：我们的宗旨是通过动员关心社区发展的各种力量来提高人们的生

---

[*] 本文部分内容出自徐宇珊《建设更加美好的社区——浅谈美国地方联合之路在社区发展中的作用》，《中国社会组织》2014 年第 23 期；徐宇珊：《美国非营利组织社会网络结构及其对中国的启发——以美国印第安纳州门罗县为例》，《中国非营利评论》2016 年第 18 卷。

活水平。在访谈中门罗县联合之路的 CEO Barry 先生则反复强调的是，希望通过联合之路的工作，让我们的社区变得更加强大和美好！因此，促进社区发展是地方联合之路最重要的目的以及存在的价值。

门罗县联合之路重点关注三个方面的问题，分别是教育（education）、收入（earnings）和生活必需品（essentials），简称为3E。在教育方面，是希望通过各种教育形式，如让儿童做好入学准备、协助在校生完成学业、帮助人们形成终身学习能力等，推动儿童、青少年和成人发挥他们的最大潜力；在收入方面，希望帮助那些努力工作的人获得成功，包括获得较稳定的工作，增加收入，拥有储蓄和资产等；在生活必需品方面，希望帮助个人及家庭满足基本需求，如充足的食物、稳定的居住环境、医疗保障、紧急救援等。上述这一切，都是依托其会员机构来实现的。目前，门罗县联合之路有 25 家会员机构，这些会员机构都是服务于门罗县及其周边地区的社会服务类机构，有为贫困人士提供食物的社区银行，有为无家可归人士提供临时庇护的机构，有为低收入家庭提供儿童早期教育的幼儿园，有为残障人士提供全方位服务的组织。换句话说，所有会员机构都要满足上述一项或几项服务需求。

二　门罗县联合之路选定会员机构及分配资金

筛选会员机构、确定会员机构的资格以及在会员机构之间分配资金，是门罗县联合之路实现其目标的重要过程。这一过程并非由门罗县联合之路的全职员工直接操作，而是通过来自社会各界的志愿者组成的资格审查委员会（Certification Review Panel）和愿景委员会（Vision Council）这两个专业委员会来完成。通过这两个委员会的工作，确保门罗县联合之路对会员的资格认定及资金分配过程是公平的、透明的，是符合门罗县联合之路的社区发展目标的。

资格审查委员会主要负责会员机构的资格认定。门罗县联合之路有一套较为成熟的会员资格审查流程，每年由资格审查委员会审核已有会员机构以及新申请入会机构的文件，同时每三年对所有的会员机构进行一次全面评估，以确保各机构在效率、效能、治理、透明等方面符合标准。申请入会的机构要先对照门罗县联合之路提供的表格进行自我评估。之后，由资格审查委员会派出的志愿者使用同样的表格进行现场评估。倘若机构自评与现场评估不同，则要提交资格审查委员会讨论。评估表格共包含五个部分，一是组织治理和监管，二是有效性评估，三是财务，四是筹款及信息公开，五是伙伴关系。每一部分下面都有若干子问题，会员机构要在80%以上的问题上回答"是"，即达到了相应的要求，才可以获得或保留会员资格。委员会将评估结果上报门罗县联合之路的理事会，供理事会最终决策参考。据门罗县联合之路的 CEO Barry 先生介绍，通常来说，一个机构的评估结果会越来越好，通过评估会员机构得到持续的改善和提高，最终成为一个强大的非营利组织。当然，也有一些机构经过评估不符合门罗县联合之路的要求，则会被取消会员资格。门罗县联合之路会帮助这样的机构分析原因，促进其进一步提高。被取消资格的会员在第二年可以重新提出入会申请。

愿景委员会主要负责每年审议社区行动基金的分配过程，根据各机构的评分确定不同会员机构的拨款数额。每年年末，各会员机构开始向门罗县联合之路提交资金分配申请表，经过愿景委员会的评分以及理事会批准后，在次年3月份开始下一年度的资金分配。门罗县联合之路给各会员机构的资金是每个月下拨一次，会员机构可以根据需要自行决定资金的使用方向，如支付员工工资、购买办公耗材、添置固定资产、作为申请政府资金的配比资金等，都是可以的。总之，门罗县联合之路给各个机构的资金并非项目资金，并不存在具体的合约关系，怎么花由机构自己说了算，但是所有款项都要最终服务于该机构的宗旨与使命，都要让该机构的服务对象乃至整个社区从中受益。

三 通过慈善资源的募集与分配，增加
社区社会资本

为什么选择捐款给联合之路，而不是直接给受益者，或是直接给提供

服务的机构？用很多中国人的传统思维，如果我把钱捐给受益人（如上不起学的孩子、无家可归人士等），我的钱会全部用于这个受益人，为什么我要把钱先捐给联合之路，再由联合之路捐给会员机构，再由会员机构提供服务呢？经过了这样两道坎，或许我的钱最后到达受益人手上的时候会打个七折。门罗县联合之路的 CEO Barry 介绍："其实这种想法在美国也并不稀奇，人们都会关心所捐款项的去处，希望自己的捐款能够最大程度地让有需要的人士受益。但是，不知捐款人有没有想过，你在街头遇到的流浪汉可能并不是真正值得帮助的穷人，或许是以乞讨为生的人，你把钱给了贫困儿童，但儿童并无法直接消费这些捐款，依然无法得到所需要的服务。这就是不提倡把钱直接捐给个人，而要资助那些提供服务的机构，由特定专业机构向特定需要的人士提供特定服务的原因。那么，为什么将钱捐给联合之路，而不是直接给特定的服务机构呢？这就回到了联合之路存在的价值。虽然联合之路并不直接提供服务，但是它营造了一个公益大家庭，将社区内提供社会服务的机构集中于联合之路这个大家庭中，共同成长，共同为社区的强大作出自己的贡献。这些机构之间可以相互协作，互通有无。这种合作对于 NGO、对于社区的发展都是极其重要的。"

联合之路正是通过筹集与分配社区慈善资源，将社区中各种各样的人们连接在了一起，100 多年来的运作让其发挥了增加社区资本的作用。

在筹款环节，联合之路采取的是工作场所募款的方式，即依托企业、学校等"单位"，由这些机构动员自己的员工，向员工下发筹款宣传单进行募款。通常，企业会有专人负责本企业的筹款活动，在某种意义上，这相当于由企业支付工资而为联合之路服务。企业有的时候会根据员工捐款支付一定的配比资金，但近几年由于经济形势并不好，门罗县这样做的企业并不多。在门罗县联合之路的捐款中，有 70% 来自个人。但这里的个人不同于街头募款的个人，而是一个个在工作场所内的个人。因此，与直接面向个人的筹款相比，通过工作场所募款大大降低了联合之路的筹款成本，并提高了个人捐款的便捷度；与直接面向大企业的筹款相比，由个人捐款汇集而成的方式，提高了普通公众的参与度。在社区中就业的员工，通过捐款行为，与当地的联合之路连接在一起。

每年的9—10月，是门罗县联合之路的筹款季。在此期间，不允许会员单位筹款，以免重复引发捐款人的反感。但会员单位可以在其他时间筹款。倘若捐款人指定将善款捐给门罗县联合之路的非会员机构，那么门罗县联合之路会与这一组织协商，建议不要在门罗县联合之路的筹款月中筹款，因为门罗县联合之路在筹款月已经给该机构募集到了资金。

在资金分配环节，联合之路通过向会员机构分配资金实现其社区发展的目标。所有的会员机构在办公场所内以及项目介绍中，都会标出联合之路的LOGO，表明自己的会员身份。各会员机构在提供服务时，其服务对象可能就是捐赠者本人及其家人。例如，Boys and Girls Clubs提供的学龄儿童课后服务项目的受益对象中不少就是双职工或单亲家庭的孩子。再如，门罗县联合之路支持的0—5岁儿童早期教育项目惠及社区所有儿童及其家庭。同时，这些社会服务机构会吸收大量志愿者，这些志愿者大都是社区居民，他们通过志愿服务了解了联合之路的会员组织，也就会增强对联合之路的认同感。因此，社区的常住居民对门罗县联合之路的年度筹款活动不会陌生，对这些款项所资助的社会服务机构或项目也比较熟悉，因为他们本身可能就是这些项目的参与者和受益者。同时，会员资格审定和资金分配的结果都会向捐赠者报告，让捐赠者确信联合之路与社区中最有能力的组织进行合作，确保资金使用到位。

因此，我们可以看到，社区中主要的企业、学校、医院等法人单位，一般的工薪阶层，社区中的专业人士，提供具体社会服务的非营利组织，社会服务的志愿者、参与者和受益者等，都积极参与到了联合之路的社区工作之中。通过从不同角度参与联合之路，它们都在为建设一个更加美好的社区作出自己独特的贡献。

专栏

印第安纳大学给师生们的筹款邮件①

各位亲爱的同事：

申请参加联合之路募捐活动的表格，你还没有填写吗？我之前还在犹豫，但现在不再犹豫，开始行动。此时是联合劝募活动的关键时刻，布鲁明顿和门罗县的同胞们正指望着我们，我们的慷慨和爱心将在我们所爱的社区里产生重大影响。

联合之路让流浪的人有一个温暖的家，让饥饿的人吃上热乎乎的饭菜，让失业的人能够开始工作。无论老少，联合之路帮助每一个需要帮助的人。

你的一份礼物，能为社区里成千上万的人创造一个更加美好的明天。因为你的慷慨，他们的生活将会被永远改变。

联合之路和它的25个认证会员机构每天都在不懈地努力，帮助那些遭遇困难的人。印第安纳大学和这个社区是紧紧相依的，我们理应在这场活动中打头阵。今年的活动目标是筹集855000美元，如今已实现了目标的75%，我们需要你的参与，去达到甚至超额完成我们的目标。

我们的校内劝募活动将于本月结束。我衷心地希望你能通过在印第安纳大学-联合之路捐赠门户网站上递交你的承诺卡，或者在联合之路网站上通过借记卡或信用卡直接捐款，贡献出自己一份或大或小的力量。

别忘了点击参与"为更好明天配比"（"Match for a Better Tomor-

---

① 此专栏由夏诗雨翻译。

row"），将会有额外的配比资金。

我在节日期间向你致以最好的祝愿。

劳伦·罗贝尔

教务长

四　处于社会网络节点中的门罗县联合之路

门罗县联合之路与其 25 个会员机构，以及全国其他联合之路机构，形成了一个互动网络。在社会网络分析中，以往的研究者通常把社会网络分为两大类。第一类称为个体网络或是局域网（local network）、自我中心网络（ego-centric network），这类社会网络是指在网络中有一个核心的行动者，它与其他行动者都有关联，这种情况常见于分析"社会支持网"[1]，也有学者将这种网络称为有盟主的网络组织，盟主具有管理协调功能。[2] 第二类称为整体网络或全网（complete network）、社会中心网络（socio-centric network），即在网络中不存在明显的以某一成员为核心的结构，整体网络侧重说明的是一个封闭的群体或组织的结构特征，相对地，也可以称为无盟主的网络组织，各节点对等。

非营利组织间的社会网络也可大致分为以上两类。在借鉴上述分类的基础上，结合非营利组织间社会网络的特点，将其分为伞状网络结构和星状网络结构。

伞状网络结构与上述个体网络类似，是指该社会网络结构中有一个核心成员，该成员对网络中的其他成员有指导、服务、支持、协调、培育等功能。伞状网络中的核心成员类似于我们通常所说的支持型机构、伞状组织、枢纽型组织等（见图 1）。[3] 星状网络结构与上述整体网络类似，指在该社会网络结构中，所有的行动者之间不存在一个核心成员，各成员彼此

---

[1]　林聚任：《社会网络分析：理论、方法与应用》，北京师范大学出版社，2009，第 50 页。

[2]　王柏轩、刘小元：《企业孵化器的运营与发展》，中国地质大学出版社，2006，第 40 页。

[3]　祝建兵：《支持型社会组织的生发机制探析》，《理论月刊》2015 年第 4 期。

间形成互动关系（见图2）。

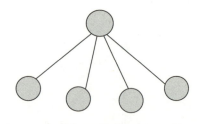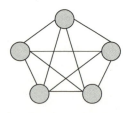

图1　伞状网络结构　　　　图2　星状网络结构

　　门罗县联合之路自身同时位于两个伞状网络结构中，同时，其会员机构之间构成了星状网络（见图3）。一方面，门罗县联合之路与其会员组织形成一个伞状网络结构，它处于该伞状网络中的核心节点位置，在此，我们把这一网络称为"社区伞状网络"，即在一个社区内，社区综合发展支持型组织为其社区内直接服务类社会组织提供支持。如本文的门罗县联合之路和上文的社区基金会对社区其他非营利组织的资助和培育。另一方面，门罗县联合之路同时位于全美联合之路的伞状网络结构之中，在此我们称之为"总部伞状网络"，即某一品牌非营利组织从全国总部到各地分支机构之间的网络关系，如联合之路，本书第一篇的两家儿童课后托管机构（Boys & Girls Clubs 与 Girls'Inc.）等都是全美连锁的非营利组织，各地分支机构共享名称和LOGO，每个地方机构都隶属于总部，接受总部的指导，但独立运作，由理事会决策。

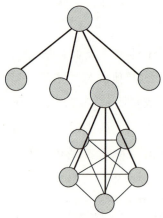

图3　多重网络结构

与此同时，门罗县联合之路的 25 个会员机构之间形成了紧密的互动合作关系，本书第一篇中提到的绝大部分的社会服务机构，如为智障人士服务的石带（Stone Belt）、提供青少年课后托管服务的两家组织、社区厨房等，都是门罗县联合之路的会员。这些机构之间彼此合作，构成星状网络结构。

1. 作为社区伞状网络核心节点的门罗县联合之路

联合之路并不直接提供社会服务，而是通过支持社区其他社会组织来实现自己的组织目标。联合之路与会员机构之间的关系是其作为支持性机构最重要的部分。从表面上看，联合之路属于资金支持型机构，因为它给会员机构分配资金并监管会员机构的运行，与会员机构之间是资助者与被资助者的关系。但是，门罗县联合之路的 CEO Barry 先生反复强调的是，联合之路之于会员机构，不是高高在上的资助者，不是具有权威的"家长"，彼此是平等的合作伙伴，门罗县联合之路与 25 个会员机构是共同致力于社区发展的合作伙伴，都是社区公益大家庭的成员。离开了这些会员机构，门罗县联合之路的组织目标是不可能实现的。对于会员机构而言，加入门罗县联合之路大家庭所获得的也远远超过资金本身。首先，作为联合之路的会员机构本身就是公信力的象征，作为联合之路的会员更容易得到政府及其他资助者的信任，更有利于获得其他捐赠。其次，联合之路为社区的非营利组织提供了合作交流的平台，各会员机构之间共享资源，互通有无。最后，联合之路的评估、培训、交流等活动可以有效地提升各会员机构的能力，协助会员机构成为更有效、更强大的社会组织。

从中可以归纳出社区伞状网络组织成员间的资源流动特点。如表 1 所示，核心节点成员与非节点成员之间在物质资源、信息资源、社会资本等方面有较多的资源流动，但在人力资源方面的资源流动不明显。在有形资源方面，主要体现在物质资源与信息资源由核心成员向非核心成员流动，表现为核心成员向非核心成员提供直接的资金支持，提供培训、会议、交流、评估等信息资源，这些资源对于非核心成员都是非常重要的。而社区伞状网络结构中最重要的资源流动是无形资源的流动，即核心与非核心成员互相赋予对方社会资本，非核心成员加入该网络，需进行严格的资质审查，从而提升组织公信力，核心成员因为非核心成员的服务而获得民众支持，得到捐赠。因此社区伞状网络可以让组织获得社会公信力，成为受人尊敬的、得到社会认可的非营利组织。

表1 社区伞状网络中的资源流动

	人力资源	物质资源	信息资源	社会资本
资源描述	不明显	直接资金支持	培训、会议、交流、评估，能力提升	严格审查会员资质，成为会员公信力的象征；会员的服务和信誉成为联合之路筹款的基础
流动方向	不明显	核心→非核心	核心→非核心	核心⟷非核心
资源多寡	弱	强	强	强

2. 作为总部伞状网络成员的门罗县联合之路

门罗县联合之路属于美国联合之路总会的分支机构。美国所有地方机构都是用联合之路的名字和LOGO。美国联合之路总会与地方联合之路是独立的501（c）3组织，有独立的理事会、章程和管理体制。地方联合之路的CEO的任命和薪酬标准由地方联合之路的理事会决定，与美国联合之路总会无关。地方联合之路每年向美国联合之路总会缴纳会费，通常是联合筹款金额的1%，并非总收入的1%。

美国联合之路总会授权地方使用联合之路的名称和LOGO，每年对地方联合之路进行审查，确保其运营规范，不会滥用联合之路的品牌。美国联合之路总会为地方联合之路提供的服务包括统一的电视广告宣传、与联邦政府沟通、为国会制定有关法律提供咨询，以及为地方会员机构提供各种培训、建立网上信息交流平台、举行不同地区机构的经验交流大会、共享信息资源和品牌优势等。美国联合之路总会在募款方面对地方组织的帮助主要是协调跨地区、跨国公司的慈善捐款。[①] 门罗县联合之路的CEO Barry先生认为，门罗县联合之路从全国联合之路中获得价值比付出的会费要多

---

① 李允晨，2006 美国联合劝募总会。

两到三倍。

不同地区的联合之路划分筹款地域，每个地方联合之路都在自己的区域内筹款并资助本区域中的社会服务机构。因为划定了筹款地域，不同地域的企业情况各有差异，不同的地方联合之路之间也不会有筹款金额的竞争关系，大家只要在自己所负责的区域内做到最好即可。无论是地方联合之路与本机构会员错峰筹款，还是各地联合之路之间分别无竞争性筹款，都说明联合之路通过制度设计减少无序及恶性竞争，弱化同一区域内或同一领域内组织有可能存在的竞争关系，这也是稳固网络结构的重要手段。

在总部伞状网络结构中，品牌服务机构统一的名称和 LOGO 就是最好的社会资本，该网络中的成员获准使用这些名称和标识就是提升社会资本的体现。同时，网络中的每一个成员都代表着机构的品牌，其服务质量和社会声誉直接影响到该品牌的总体社会资本。倘若某地方机构发生丑闻，会影响整个网络的信誉，有损全网的社会资本。在有形资源方面，大都是从核心成员向非核心成员流动。

表 2　总部伞状网络中的资源流动

	人力资源	物质资源	信息资源	社会资本
资源描述	不明显	课程研发，统一筹款，部分项目资金会费	培训、会议、交流，能力提升	使用统一的名称和 LOGO，统一宣传 地方机构代表总形象
流动方向	不明显	主要：核心→非核心 次要：非核心→核心	核心→非核心	核心⇔非核心
资源多寡	弱	强	强	强

3. 门罗县联合之路会员之间的星状网络结构

门罗县联合之路的会员之间形成了一个社区公益大家庭。各个会员组织之间互通有无、优势互补，形成了一个紧密的社会服务星状网络结构。

在本书第一篇的案例中，可以看到这些组织之间广泛而深入的联系。例如，为有发展性障碍人士服务的机构（Stone Belt）与社区厨房合作，让残障人士成为社区厨房的志愿者；两家儿童课后托管机构共享校车服务；诸多为低收入群体服务的机构会联合发起影响公共政策的倡议；妈妈橱柜

（Mother Hubboard's Cupboard）为女孩课后托管机构提供志愿营养师……这些合作都不是一次性的，而是长期的、深入的，组织之间已经是你中有我、我中有你，大家都是社区公共服务大家庭的一员。

在星状网络结构中，不存在核心成员与非核心成员的区别，其资源流动的类型和方向都更为简单。如表3所示，星状网络中成员间的社会资本流动不明显，但有形的人力资源、物质资源和信息资源的流动更为突出，不同机构共享志愿者、服务场地，互通信息等。

表 3　星状网络中的资源流动

	人力资源	物质资源	信息资源	社会资本
资源描述	志愿者	物资、场地	就业培训等信息	不明显
流动方向	成员之间	成员之间	成员之间	不明显
资源多寡	强	一般	强	不明显

4. 小结：不同网络结构中资源流动的特点

在各种伞状网络结构中，网络可以给成员带来各种有形资源，如人力资源、物质资源、信息资源等，这些资源总体上是从核心成员流向非核心成员；亦可以带来无形资源，即社会资本，这是伞状网络结构所特有的资源，是星状网络结构通常不具备的。之所以伞状网络结构可以给成员带来社会资本，缘于伞状网络结构对其成员有一定的门槛要求，其成员必须认可、接受并遵守该网络共同认可的行为规范和专业标准，接受该网络的监管，从而获得成为该网络成员的资质，这一资质就成为成员社会公信力的象征。网络结构中任何一个成员的有损公信力的行为都会影响到该网络的社会信誉，即该网络的社会资本需要全体成员共同维护。而在星状网络结构中，成员间的资源流动主要表现在有形资源方面，社会资本方面并不明显。

五　思考与结语：联合之路与社区基金会的比较

在调研中，我深深地感到，本文所谈的地方联合之路与社区基金会有异曲同工之妙。它们都发挥了响应社区需求、资助社区非营利组织、解决社会问题、增强社区凝聚力的作用。但二者的历史渊源、组织运作、捐赠者群体等有显著差异。首先，独立程度不同。社区基金会完全是本地的机构，不同的社区基金会之间有很大的运作差异；而联合之路是全国性机构，要遵循美国联合之路总会的一般性要求。其次，资助范围不同。联合之路通常只资助社会服务领域的机构，如门罗县联合之路的 25 个会员组织都是社会服务类的，而社区基金会关注的领域更为广泛，涉及艺术、环保等。再次，资金使用方式不同。社区基金会是建立永久捐赠基金，不动本金，只花收益；而联合之路主要是把每年的捐款直接捐赠出去，较少进行投资。最后，捐赠者目标群体有差异。联合之路的捐赠是在工作场所中完成的，众多工薪阶层的小额捐赠构成了其主要筹款；而社区基金会的捐赠者中遗产捐赠占有相当比重。当然，以上这些差异近些年正在变得越来越模糊，二者都在借鉴对方的成功经验。近些年来，在一些地区，二者的竞争也同样变得更为激烈。①

在门罗县，社区基金会与联合之路合作愉快，二者共同致力于当地社区的发展，在某种程度上，二者也可以说是构成了一个星状网络结构。例如，"儿童早期教育"项目就是由社区基金会与门罗县联合之路共同资助的。两家机构的负责人是多年的老朋友，两家机构也是定位明确，实行差异化发展。例如，门罗县联合之路不进行财产的保值增值，也在社区基金会设立了机构专项基金，委托社区基金会代为管理。甚至门罗县联合之路的 CEO Barry 先生，还以个人名义在社区基金会设立了永久捐赠基金，因为他说："联合之路没法帮他完成这一心愿，只有社区基金会最合适！"

---

① Convergence & Competition：United Ways and Community Foundations—A National Inquiry.

"食物银行"通过"食品"所串起的
社区公益网络[*]

最初，在网络检索中看到"Food Bank"时，我以为它就是给穷人提供食品的机构，从未与支持型组织关联起来。但随着调研的深入，我慢慢地发现，食物银行在整个社区中的作用可不容小觑。在布鲁明顿与多个非营利组织访谈时，机构负责人都提到了给服务对象供应的食物无须自行购买，都是来自食物银行。进入 2014 年 11 月后，女儿所在小学也给家长们发来通知，号召大家捐赠罐装、盒装食品，所捐食物

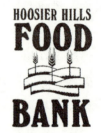

将由学校统一捐给食物银行；在我所在学院的门口、在我做志愿者的非营利组织门口处，都放置了一个蛮有特色的大口袋，上面写着印第安纳食物银行（Hoosier Hills Food Bank）。究竟这个食物银行是怎么运作的，怎么发挥作用的呢？带着好奇我翻开了食物银行 2013 年的年报，走进了食物银行 CEO Julio 先生的办公室。

一 食物银行概况

Hoosier 是美国人对印第安纳州居民的称谓，从官方用语到民间习惯，都使用这一叫法，在印第安纳州的很多企业或机构，都用 Hoosier 这个词。Hoosier Hill 是印第安纳州最高的山，但印第安纳食物银行倒是跟这座山没有太大关系，据 CEO Julio 先生推测，可能因为所服务的区域多丘陵，因此就借用了这个词。

＊ 本文部分内容出自徐宇珊《"食物"连起你我他：食物银行如何完成食品大迁移》，《中国社会组织》2015 年第 1 期。

印第安纳食物银行成立于 1982 年，为印第安纳州中南部 6 个县有需要的人们提供食品。该机构的宗旨是收集、储存并向非营利组织分发食品，来满足印第安纳州中南部地区低收入群体、病人和儿童的食物需求，同时致力于向社区进行有关饥饿的教育。2015 年，印第安纳食物银行向近 100 家合作机构分发出去近 376.6 万磅的食物，从成立至今累计分发出去超过 4000 万磅的食物。

二 位于专业伞状网络中的食物银行

在前文，地方联合之路在社区公益生态中，是社区伞状网络组织的节点，同时位于总部伞状网络之中。而食物银行自身处于两个专业伞状网络之中。这里的"专业"，是指在某一行业或某一领域内。印第安纳食物银行同时位于印第安纳州以及全美食品供需领域的社会组织网络中。

（一）作为伞状网络一般成员的印第安纳食物银行

印第安纳食物银行是"喂养美国"（Feeding America，FA）的成员机构。"喂养美国"是美国国内全国性的致力于减少饥饿的慈善组织，其宗旨是通过遍及全国的会员单位，即各地的食物银行，来满足美国人的食品需求，消除饥饿。每年该机构向超过 4650 万低收入人群提供食物，其中包括 1200 万儿童和 700 万老年人。同时，印第安纳食物银行也是印第安纳州 Feeding Indiana's Hungry（FIsH）的成员和门罗县联合之路（United Way of Monroe County，UWMC）的会员机构。

作为"喂养美国"的会员机构，印第安纳食物银行需要参加每两年一次的合规性审计，确保机构符合"喂养美国"的要求。"喂养美国"对会员单位的评估和审计涉及 25 大领域，包括食品安全、产品记录保存和库存控制、捐助者关系、与合作伙伴关系、机构治理、保险、法律责任、财务稳定性和账簿存档、社区支持、设备维护等。印第安纳食物银行每年需要向"喂养美国"缴纳会费，"喂养美国"会提供包括培训、会议、交流等方面的服务，提升会员在筹款、组织治理、财务管理、志愿者管理等诸方面的能力。同时，"喂养美国"向会员提供从全国范围内募集到的食物，会员机构只需要自行支付交通运输成本即可。

印第安纳食物银行还是门罗县联合之路的会员机构之一。它每年可以得到门罗县联合之路的经费支持，用于机构所需要的任何开支。作为门罗县联合之路会员单位，印第安纳食物银行也要遵守地方联合之路对于会员的要求。例如参加每三年一次的会员资格评估，确保组织在效率、效能、治理、透明度等方面符合门罗县联合之路的要求等。有意思的是，下面所要阐述的印第安纳食物银行的很多会员机构也同时是门罗县联合之路的会员，这就出现了印第安纳食物银行本身与其会员同属门罗县联合之路大家庭的情况。一个年收入超过 500 万美元、服务于 6 个县的大机构，与其他可能仅有两三名员工的小会员单位在联合之路中能够平等吗？答案是肯定的。无论机构大小，都要符合门罗县联合之路的要求，即门罗县联合之路对于所有会员机构，不论大小，在会员资格上一视同仁。在每年的拨款比例上，因服务对象规模的不同会略有差异，但这一差异并不会与机构的实际规模成正比，即大机构得到的捐款并不会几倍于小机构。此外，还需要指出的是，尽管印第安纳食物银行服务于周边的 6 个县，但因其注册及办公地点在门罗县，它仅加入了门罗县的联合之路，其他几个县的联合之路就不会对其进行资助。

（二）作为专业伞状网络核心的印第安纳食物银行：食品到哪里去

印第安纳食物银行作为食物银行，基本上并不直接面对需要食品的个人，而是分配给合作的 96 家会员机构，再由这 96 个合作伙伴免费提供给相应的服务群体。不允许合作伙伴向其服务对象收取食品费用，更不允许出售从印第安纳食物银行分得的食品。每年这些合作伙伴共服务约 25800 人。这些机构每周开车到印第安纳食物银行的仓库选择适合自己机构项目的食品。

不同的会员机构因为其服务对象的不同，所需要的食品类型也各有差异。例如，儿童课后托管机构 Boys & Girls Club，每天会免费给孩子们提供下午茶点，一般为牛奶、饼干、水果等，这家机构从食物银行领取的就是可以直接食用的、便于分发的小包装食品。再如，若干为低收入者提供餐饮服务的社区厨房（Community Kitchen）需要的就是量贩式的、未加工的面粉、食用油、蔬菜、肉类等，便于后厨加工制作后直接将饭菜供应给服务对象；而另一个妈妈橱柜（Mother Hubboard's Cupboard）就需要分装成小袋的豆类、蔬菜等，便于服务对象直接领取原材料。妈妈橱柜每年有 1/3 的食品来自食物银行。因此，由于不同的会员机构定位不同，所需要的食品不同，各个会员机构之间在领取食品方面几乎不会存在竞争。

并非任何一家机构都可以自动成为印第安纳食物银行的合作伙伴，为了确保食品分发的有效性，印第安纳食物银行设立了若干对合作机构的门槛和要求。首先，所有的合作伙伴必须为符合美国国税局（IRS）要求的正式注册的非营利组织，且要符合"喂养美国"关于食品安全等方面的要求。所有机构的资格都必须每两年审查一次，由印第安纳食物银行中负责会员关系的项目官员亲自实地走访，了解合作机构的运作情况，同时，走访时要求合作机构给印第安纳食物银行进行评分反馈。2013 年，所走访的 51 个合作机构对印第安纳食物银行的平均打分为 9.45 分（满分 10 分）。印第安纳食物银行的会员组织每年都处于变动之中，例如我调研时，有 94 个会员机构，而到了 2015 年就有 96 个会员机构，既有新机构的加入，也有原有机构的退出。

原则上，印第安纳食物银行的食物分配不直接面向个人。对于有需要的低收入人群，印第安纳食物银行会建议他们申请政府的食品券、免费午餐等项目。印第安纳食物银行的官网上就专门列出了所服务 6 个县的各种与食品援助相关的政府部门和社会组织的联络方式。但是，印第安纳食物银行发现，有几个区域处于服务空白地带，缺少足够的非营利组织提供服务，于是就开发了流动食品车项目，2013 年 4 个流动项目点向 461 个家庭的1316 名个人提供食品。这些食品通常分发给社区中的低收入家庭，但在分发时并不需要领取者现场提供收入情况等相关证明。该项目的实施得益于几个项目点所在社区基金会的资助。

于是，我们可以看到食物银行同时处于两个专业伞状网络结构中，它作为"喂养美国"这一网络结构的非核心节点的同时，还是本区域食物供需伞状网络的核心节点成员。因此，它一方面要自己符合"喂养美国"的网络结构规范，成为这一网络中的合格成员；另一方面作为本区域专业伞状网络中的核心节点，要负责制定和执行本网络中的规范，并接受非核心成员的意见反馈。与社区伞状网络结构相比，专业伞状网络结构除提出一般性的网络规范外，还有一些专业性要求，如本案例中的食品安全方面的要求。专业伞状网络结构的这些规范会给网络中的成员带来社会资本，标志着成员在此专业领域的资质，可以使成员获得社会公信力。

三　社区公益生态中的食物银行

食物银行通过募集和分发食品，为社区中不同的个人、企业和机构提供了参与公益、服务社会的机会，借助这一食品中转站，打造了社区公益生态网络（见图1）。

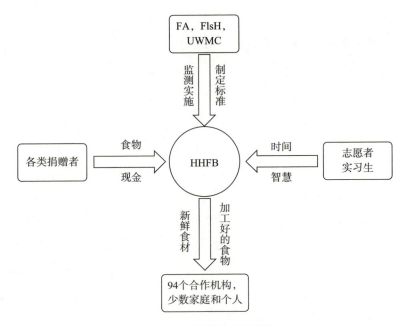

图1　食物银行的公益网络

（一）各种捐赠主体为食物银行贡献实物捐赠

笼统地说，印第安纳食物银行获得食品的方式包括五大类：一是来自全国的捐赠者，即通过"喂养美国"的网络及全国其他地区的捐赠者获得食品；二是来自本地的各类捐赠者，这一部分约占总捐赠量的一半；三是从各种种植渠道直接获得的新鲜食材，此部分总量虽然很小，只占到2015年所有食品量的3%，但增长幅度很大；四是来自美国农业部（US Department of Agriculture，USDA）政府购买服务的项目；五是由机构出资购买食品（见图2）。这五类方式中，每种方式又可以分为多种渠道，充分体现出印第安纳食物银行多元、灵活、创新的筹资模式。

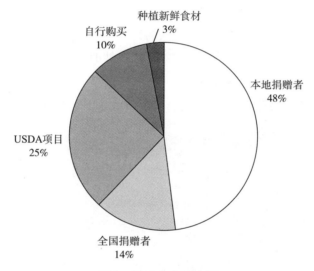

图 2 2015 年食品来源

以本地的捐赠为例，其涵盖了当地的各种主体以及不同的捐赠方式，可以说，形成了全民全年参与食品捐赠的氛围。

（1）捐赠者之大型超市。食物银行所覆盖的6个县的20多家食品零售和批发商都是重要的捐赠者，像 Walmart、Target、Kroger 等当地人非常熟悉的大型超市是主要的食品提供者，这些大超市通常会把临近有效期但是依然新鲜的食品、运输中包装有些破损的食品等捐赠给印第安纳食物银行，印第安纳食物银行的专职司机每天会驾车到各个超市收取。2013 年来自这部分机构的食品超过 160 万磅。

（2）捐赠者之饭店食堂。这一方式称为 Meal Share，捐赠者不再是超市，而是当地的餐馆、食堂，它们会将烹饪好的可以直接食用的食品捐赠给印第安纳食物银行。例如，门罗县整个公立学校系统的食堂是采取这种方式的最大捐赠者，食堂每天提供给孩子们的饭菜都有富余，多出来的饭菜就捐赠给印第安纳食物银行。之后，约有900名志愿者按照个人或家庭的食用量，将这些食品分装打包。

（3）捐赠者之当地各种机构及个人。这一方式称为 Food Drive。每年 11 月份开始就到了采取这种方式的筹集季。当地社区的众多机构，如企业、学校、邮局、非营利组织等都会参与其中，号召本机构成员为印第安纳食物银行捐赠易于保存的罐装或袋装食品，本书引言中所说的大学学院及小学的通知就属于这种方式。此外，食物银行还会跟当地的邮政系统合作，开展面向居民的募捐活动。邮递员在投递信件时，顺手发放食物银行的募捐卡片，号召居民为食物银行捐赠，居民只需要在活动当天将一袋罐装食品放在自家的邮箱旁边，自然有邮递员顺便取走，并送到食物银行。

（4）捐赠者之当地农夫。尽管当地农夫也是本地的捐赠者，但在统计中，为了突出，将其捐赠单列为新鲜食材。这是因为尽管目前新鲜食材在整个食品总量上所占比例不大，但确实是食物银行非常看重的项目，因为这类食品会更加健康、有营养。当地农夫的捐赠包括：一是来自农夫集市（Farmer's Market），当地社区每周六上午都会有农夫集市，由周边的农民销售自家种植的有机蔬菜，当天没有卖掉的一些菜会捐赠给印第安纳食物银行；二是食物银行发起了一个"多种一行"活动，即号召菜农在自己原有的菜园里多种植一行，将其收获的蔬菜捐赠给印第安纳食物银行；三是社区拾穗项目，有 4 个农场参与其中。

有趣的是，同一个捐赠方，可能会以不同的方式为印第安纳食物银行做贡献。例如，门罗县中小学公立学校系统，既会参与 Meal Share 的已烹饪菜肴捐赠，又会号召师生进行 Food Drive 捐赠，2013 年两项捐赠均超过 1 万磅食品；再如，Kroger 作为当地较大的零售超市，会直接捐赠，同时也会设置捐赠口袋，让顾客将所购买的食物捐赠出来，参与 Food Drive。

食物银行创造了便于当地居民和企业参与的多种募捐形式。捐赠者可以结合自身的特点，选择最便捷的、最适合的捐赠物品、捐赠时间和捐赠方式。这样的设计，使得捐赠者可以毫不费力地参与公益，很容易将公益慈善作为自身生活的一部分。

（二）各种志愿者提供多种志愿服务

一年 370 万磅的食品，收集、储存、分装、配送，从一个个捐赠者手中转移到一个个服务机构，这个食品大迁移需要大量的人力资源。食物银行目前共有 18 名全职和兼职员工，员工数量虽然看起来不少，但是面对每天几吨待处理的食品，面对 6 个县的 94 个合作机构，依然显得捉襟见肘。因此，志愿者对于食物银行的重要性是不言而喻的。

（1）志愿者之社区居民。据统计，2013 年，共有 2045 名志愿者贡献了14979.5 个小时的服务时间。这些志愿者来自社区的各个角落。由于印第安纳食物银行位于印第安纳大学布鲁明顿校区所在地，大学生自然构成了该机构的主要志愿者，同时社区中的其他成员以及企业、家庭、教会等也提供一些志愿服务。这些志愿者根据时间和特长，分配到不同的服务中，有的分发食品，有的包装食品，有的种植蔬菜，有的协助完成日常行政工作。本书中前面提到的儿童公益托管机构（如 Boys & Girls Clubs 和 Girls'Inc. 等）都组织孩子们参与食物银行的志愿服务，如包装和分发食物。他们既是食物银行的受益者，在托管班免费享受健康食品，同时又是志愿服务的提供者，发挥自身能力回馈社会。受益者与志愿者的双重身份，会让他们更懂得珍惜。再如，还有一部分志愿者专门参与果蔬种植服务。2015 年，有超过 200 名志愿者参与了社区种植活动，因此收获了超过 1.5 万磅的有机新鲜果蔬。

（2）志愿者之非营利组织管理专业学生。食物银行享受到了地处印第安纳大学布鲁明顿校区的特别人力资源，这就是学习非营利组织管理的学生。印第安纳大学公共事务与环境学院（SPEA）的非营利组织管理排名位列全美第一，学生们在课堂上学习非营利组织理论知识的同时，也需要在实践中学以致用。印第安纳大学公共事务与环境学院与当地非营利组织建立了长期合作关系，布鲁明顿的诸多非营利组织给学生们提供了实习的机会，而学生们也为这些机构带来专业理念和年轻活力。目前，印第安纳食物银行共有两名该学院的研究生实习，一个负责项目运营，一个负责机构发展，每个学生每周到印第安纳食物银行工作 9—12 小时，由食物银行支付约 10% 的费用，其他费用由该学院支付。

（3）志愿者之理事。印第安纳食物银行目前有 15 名理事，他们在财务、食品专业、对外联络、法律等方面基于食物银行不同的需求提供志愿服务支持。他们每两个月召开一次理事会会议，决策机构重要事项，平日也会通过电子邮件等参与管理。

总之，不同的志愿者，根据自身的特点和技能，为食物银行贡献不同的志愿服务。志愿服务还使食物银行的服务对象与服务者之间得以转化，让服务对象参与到食物银行的日常工作中。

四　多元稳健的资金收入结构

尽管食物银行通过大量的志愿者降低了运营成本，但可持续发展依然离不开现金收入，食品的收集、储存和分发，仓库的维护及车辆的保养，合作伙伴的筛查和管理等均需要大量开支。食物银行的总收入中，食品等实物捐赠收入占到85%以上，其余的是现金收入，现金收入来源多元且支持者众多，2013年，超过2000个机构及个人为印第安纳食物银行捐款或提供资助，印第安纳食物银行形成了比较健康稳定的收入结构。

（1）机构的自主筹资活动。印第安纳食物银行每年最主要的筹款活动是"汤碗收益"（Soup Bowl Benefit）。活动通常在每年2月份举行，到2014年已经举办了20届。该活动由当地的陶艺家捐献手工制作的陶碗，由当地餐厅捐献各种美味汤汁及面包，由音乐家志愿演出提供背景音乐。汤碗活动向社区出售门票，2014年的门票售价为30美元，人们可以得到一个陶碗、一碗汤和一点面包。除了门票收入，还有一些企业进行特别捐赠。机构的主动筹款和来自居民及企业的捐赠，构成了主要的现金收入，占全部现金收入的一半以上。

（2）向各种基金会申请项目。例如，沃尔玛基金会是印第安纳食物银行重要的项目资助方。每年沃尔玛基金会都会与当地的零售商店合作开展一些本地项目，印第安纳食物银行可以根据每年基金会的资助方向申请资助。2013年，在沃尔玛基金会的项目资助下，印第安纳食物银行聘请了专业营养咨询师，帮助印第安纳食物银行的诸多合作机构选择合适的食品，普及营养知识，教给人们如何正确地读懂食物营养标签，了解有害的食品成分和添加剂等。再如，印第安纳食物银行会向所服务的几个县的社区基金会申请项目，2014年1月，印第安纳食物银行得到了布鲁明顿和门罗县社区基金会一笔5万美元的项目资助，用于支持新鲜蔬菜种植及运输项目。

（3）向各级政府申请项目。例如，申请联邦政府的社区发展基金（The Community Development Block Grant，CDBG）的项目资金。还有政府购买服务的项目，如美国农业部的紧急食品援助项目（The Emergency Food Assistance Program，TEFAP），该项目向34个印第安纳食物银行的成员单位提供食品；食品补充项目（Commodity Supplemental Food Program，CSFP），该项目每个月向符合一定收入条件的老年人提供一箱食品。2013年，印第安纳食物银行每月服务715位老年人。在这些政府购买服务类项目中，政府会直接把所需分发的食品给印第安纳食物银行，同时还会给相应的管理费用，以支付人工成本、交通成本以及行政办公费用等。

（4）向会员机构收取食品运输及储存费。印第安纳食物银行的诸多合作伙伴无须支付食品费用以及大部分的食品运输费用。但有33%的食品需要由会员机构支付每磅食品16美分的运输及储存成本，以弥补印第安纳食物银行在这方面的开支。与全国其他地方的食物银行相比，16美分的运输成本是比较低的，"喂养美国"和美国国税局规定的食物银行收取的最高上限是每磅食品19美分，大部分食物银行都按照这一上限收取。

（5）得到门罗县联合之路的资助。如前所述，食物银行因为成为联合之路的会员，每年会得到一定的拨款。

五　思考与结语：作为服务细分的社区公益支持机构

食物银行一年要完成几百万磅食品的大迁移，单靠食物银行一己之力是绝对做不到的。食品大迁移联系起了社区中一个个的机构和个人，各种捐赠者捐献物资，各类志愿者贡献时间和智慧，这构成了印第安纳食物银行主要的食品、资金及人力资源；食物银行向上作为"喂养美国"、门罗县联合之路等机构的会员，接受这些支持型机构的指导和监督，向下作为其近百家会员单位的支持型机构，为会员提供各类食品并进行监管。

食物银行，与我们过去所认识的支持型社会组织有所不同，它不是为社会组织提供组织管理某一方面（如筹款、信息公开、财务等）专业支持的组织。表面看起来，它依然是一个某一领域传统的社会服务机构，但深层次地来看，它在一定程度上起到了行业协会的作用。在所服务的地域范围内，大多数与食品供应服务有关的社会组织，都成为该机构的会员组织，在享受免费食品供给的同时接受监管，食物银行就发挥了这一细分服务的行业协会的作用。这些会员机构中，有相当多的并不是以从事食品服务为主要业务范围的社会组织，只是在其他服务中涉及食物供应，例如儿童晚托班，倘若让政府监管部门对每一个社会组织所涉及的一点点食品服务进行监管，那必然是公共资源的浪费，且效果甚微。而食物银行通过食品的供应，自然地与这些机构建立了联系，并通过一系列对会员的资质要求对其进行有效监督。

"民以食为天"，吃饭、食品，是每一个社区居民、每一个家庭每天都离不开的事情，也是不少社区中的机构所从事的主营业务。借助与每个人息息相关的吃的问题，食物银行将社区中的普通居民、大中小学生、餐馆、超市、各类社会服务机构等有机联系起来，构建了一个人人可以参与的社区公益生态网络体系。社区中的居民，甚至在不知不觉中，就在为食物银行从而为社区中的弱势群体提供了帮助。食物银行无处不在的、一年中多次的、多种形式的筹款筹物活动，也时时提醒着社区居民：在我们生活的这个社区中，依然有些人在遭遇饥饿的威胁，我们的绵薄之力，可以帮助他们生活得更有尊严。

社区公益生态：根植于生活的公益文化*

前文的内容大都是我以一个研究者的身份到美国不同的公益慈善组织中调研的心得体会。下面我将以一个普通居民（当然是临时的外来居民）的身份，从一个实际参与者的角度，来谈谈我切身体验到的美国的社区公益氛围。这些事件几乎小镇上的每一个居民都会无意中"撞见"，只是我因为研究兴趣的驱使，对这些不经意撞见的信息更为敏锐，及时捕捉并记录下来而已。

公益要想成为一种"文化"，必然不能仅仅停留在研究者脑海中，不能仅是公益圈内的事情，一定要是大众的，是渗透到每个人生命之中的。让公益成为一种生活方式，就是最重要的社区公益生态文化。

一　无处不在的筹款活动

（一）形式丰富的筹款和捐款

在美国一年，作为印第安纳州布鲁明顿小镇的一分子，我切身体验了各种各样的筹款和捐款活动：走路筹款、大灾捐款、消费捐款、实物捐赠，等等；捐款对象既包括几乎天天打交道的公立小学，也包括千里之外的陌生非营利组织；捐赠形式包括现金、支票、实物、电子支付，等等。在美国生活仅一年的我们，尚且如此近距离地体验捐款，更不要说真正的老美了，不管是否有宗教信仰，捐赠都是其生活中很自然的一部分。

每年的感恩节到圣诞节期间，算是美国不成文的筹款季，很多机构在这个时候进行比较大型的募款活动。例如，联合之路的工作场所劝募宣传

＊　本文少量内容出自徐宇珊《深入美国人生活的公益活动》，《中国慈善家》2015 年第 10 期。

多是在这个时间进行。食物银行会在这个时候在很多企业、学校等机构门口放置食品募捐箱，学校也会给家长发邮件号召小朋友捐赠食物。一些公寓管理处会协助相关非营利组织在小区内发放募捐信，设置募捐箱。除了捐款季，一年中平时的捐赠也是形式多样，例如前文中提到的食物银行与邮政系统的合作募捐。

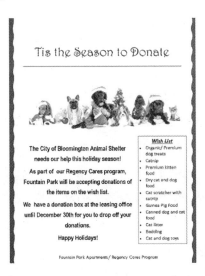

此外，遍及全美各地的二手店也随时欢迎居民捐赠，只要把待捐物品送到二手店的捐赠接收处，剩下的事情就交给商店工作人员及志愿者完成了。几天后，你就可以看到自家的闲置物品又摆上了二手店的柜台，提供给其他有需要的人们了。在美国一年间，我在二手店善意商店（Goodwill）淘到了不少物美价廉的好东西，在我临回国前几天，也把几袋物品，包括玩具、衣服、小家电等，统统捐给了善意商店。前文中所提到的为穷人提供服务的组织、为受家庭暴力妇女儿童服务的组织等，都接受居民的物资捐赠。

运动筹款，这一国内近些年非常流行的筹款方式，在美国也很普遍。在布鲁明顿小镇，会有不同的非营利组织针对不同的议题开展走路筹款，大家自行组织，也没有什么特别地轰轰烈烈、大张旗鼓，就是一次很简单的社区活动。我曾约上朋友，带着7岁的女儿，沿着大学城的主要干道步行5英里（约合8公里）。无须缴纳报名费，没有筹款额度的限制，没有统一的服装，只有一个印有活动标志的纸张放在胸前、背后。行程过半，会有一些志愿者演奏乐器、发放小饼干等为大家加油助威。当然，并不是说美国的运动筹款都很随意、规模很小，只是说因为它的常见和普遍，使得它不一定成为一个新闻事件和热点话题，它已经成为老百姓日常生活中很常见的一部分。

不仅仅是非营利组织，美国的公立学校本身也有相当多的筹款活动。我女儿所在小学的家校会（Parent Teacher Organization，PTO）只在学校层面上设立，完全开放，全校各个年级的任何家长都可以参加任何一次会议。家校会的作用绝不同于国内的家委会，与学习几乎无关，基本上就干一件事——筹款。据说，这一年学校要整修操场，资金缺口为 10 万美元，就靠家校会使出浑身解数筹款。学校会隔三岔五地发邮件或纸条，写着凭此单到某比萨店/溜冰场等场所消费，商家会有一定的捐赠。学校一年还举行了几次大型活动，有的活动号召家长捐些活动物资，无非纸盘纸碗、小食品等，有的活动有一定的参与费用，要提前购买游戏币入场参加，这些资金也全部属于学校的年度筹款。

女儿这一年也参与了学校的女童军（Girl Scout）的活动。2月份，学校组织女童军在超市售卖饼干，为女童军筹款。女童军提供统一的各种口味的饼干，由学校的成人教师志愿者带着小小女童军在超市门口摆摊售卖。孩子们自己写售卖海报、自己布置摊位、自己向超市的顾客们兜售。售卖比我想象的要容易得多。倒不是因为孩子们的销售技巧有多么高，而是因为几乎所有的顾客都太熟悉女童军了，也太熟悉女童军的饼干售卖活动了，女童军的饼干售卖活动伴随着很多人的童年记忆。

（二）多样便捷的捐款凭证

虽然我没能在美国体验报税及免税，但在一年的生活中，因为多次捐赠，也得到了多种免税凭证。美国任何接受捐赠的机构都可以出具免税证明，免税证明的形式也各式各样。支票、邮件甚至是学校发来的一张写有捐款人姓名和用途的信函，都可以作为报税的免税凭证。

初到美国，在办理完银行卡之后，银行发给了一本厚厚的支票，这让从未用过支票的我有些好奇。起初，使用支票基本上限于每个月缴纳房租。之后，在我参加前述走路筹款活动时，我对支票在捐款中的作用有了新的认识。这次走路筹款需要在活动开始前尽可能地筹款。我斗胆向我的导师提出捐款请求，慷慨的导师欣然应允，当即掏出一叠支票，写下捐款金额、捐款机构（注意：是我参加的筹款机构的名称，可不是我的名字哦）。我把这张支票连同其他的现金一起放到筹款指定的信封中，交予组织方。后来

Teacher: ___Sheets___

Child(ren): ___Cheng yue Liu (Lily)___

Thank You!

Dear UES Family,

Thank you for your generous gift to the 2014 PTO Fall Campaign. Your support helps make University Elementary School a great place for our children to learn. Through PTO funding, the school can offer educational programs and resources that make a difference to all of our students.

Your child/children (listed above) has/have received recognition for participation in the 2014 Fall Campaign. For tax purposes, you may wish to keep this receipt as a record of your donation.

With much appreciation,

Natalie

Natalie Kubat
PTO Fall Campaign Chair 2014

Receipt

The University Elementary School Parent Teacher Organization received a donation of $ 5⁰⁰ from Yushan Xu
 (name)
on 11/28/14 . No goods or services were received in return for
 (date)
this gift.

Thank you for your contribution!

多次在周日的教堂活动中，看到老美写好支票，放在捐款箱中。

　　事后想想，相比现金捐款，支票捐款确实有其优势。第一，给自己留存捐款凭证。所有的支票都有一联留给自己的，且所有的支票兑现之后在网上银行都有记录，可以看到支票扫描件。第二，确保只有募款机构才能最终拿到捐款。无论是导师支持我的捐款行为，还是教友支持教会的捐款，我或是教会的某位工作人员都绝对不可能拿着支票去银行兑换的，因为抬头写的不是我们个人的名字。这就防止了捐款中途被贪污挪用的情况。第三，支票及其在银行中的记录都为报税时的免税提供了依据。当然，在互联网时代，网络捐款似乎可以拥有支票捐款的所有优势，同时更为便捷、透明。国内目前的运动筹款，由筹款人发起"一起捐"，所有支持者的捐赠都可以通过一起捐捐给相应机构。不管怎样，习惯了现金交易和网上支付的中国年轻人，看到美国传统的支票捐赠还是有些惊喜。

　　在尼泊尔地震发生之后，我通过网络给美国两家非营利组织捐款，两家机构分别是仁人家园（Habitat for Humanity）和路德世界救济会（Lutheran World Relief），前者是因为我刚刚到该组织位于布鲁明顿当地的机构调研过（详见本书第三篇），该机构公信力高，是指引星（GuideStar）上的金牌机构，同时该机构是致力于房屋建设的，对地震灾后重建应该比较有经验。后者是一位美国朋友推荐的，是一家具有宗教背景的非营利组织。在网上给美国的非营利组织捐款跟网上购物基本类似，无非输入金额、个人姓名、地址、Email、信用卡卡号等。记得给仁人家园捐款的时候，还有一栏是询问捐款者是否属于某一企业，如果是该机构名单上企业的员工，那么员工捐款后会有企业配比捐款。当然，很遗憾，我无法填写此栏，也就无法进一步感受如何进行配比捐款了。给这两家机构捐款后，我均立即收到了机构发出的 Email，并在稍后的几天内收到了来自这两家机构的纸质捐款确认信，这些信件可以作为报税时的免税凭证。由于在捐款的时候留下了Email，在此后的日子里，我就不断地收到了来自这两家机构的募款信或是项目进度情况报告，尽管不一定每一封信都认真阅读，但这些信件的存在确实提醒我曾经有份捐款。

在给美国机构捐款的同时，我通过手机微信、支付宝等方式也为国内几家机构进行尼泊尔地震救援捐款。从捐款便捷程度上看，国内机构的捐款甚至还更胜一筹，需要输入的信息极少，只需按两三下，就可以完成支付。但是，在微信、支付宝多以匿名为主的情况下，这样捐款也自然可以理解为匿名了。在捐款之后，我像购买商品一样，立即收到了微信或是支付宝的交易信息，但比起美国机构长长的邮件感谢信和机构 CEO 签章的信件，国内捐款后收到的仅仅是最简单的"交易信息"。从捐款至今的一年多的时间里，我作为捐款人再也没有收到过这些机构和项目的任何反馈了，以至于我现在已经忘记了我当时到底给哪几家机构捐过款，各自捐了多少钱，也自然无法关注所捐款项是如何被使用的，当然也不会再因为收到募款信，从一个一次捐赠人转变为多次甚至是长期的固定捐赠人了。

二　灵活贴心的志愿服务

在美国一年，我自己和朋友在非营利组织做了几个月的志愿者，我女儿作为受益者享受着志愿者的服务，而我和其他访问学者更是一直受惠于当地一位美国朋友无私的志愿服务。如同捐款捐物一样，志愿服务也是无处不在、形式多样，自然而然地成为美国人生活中的一部分。

在美国访学的导师 Leslie Lenkowsky 教授在接受本书引言作者马季的采访时，曾非常系统全面地介绍了美国的志愿服务传统。

美国的志愿服务传统在这个国家建立之初就早已存在，某种意义上说，美国就是由志愿者建立的：一群清教徒为了寻找自由，组织在一起，尝试共同合作治理，并建立起新的国度。所以志愿服务精神在美国甚至是一种"国家精神"。

平均每四个美国人中，就有一个每年都会为正式注册的慈善组织提供志愿服务；美国人平均每周都会提供至少一个小时的志愿服务，如果算上一些非正式的慈善组织，这个比例会更高，实际服务时间会更长。

1944 年，阿瑟·M. 施莱辛格（Arthur M. Schlesinger, Sr.）写了一篇非常著名的文章《参与者的国度》（Biography of a Nation of Joiners），对美国公民社会的发展进行了精彩的论述。深厚的志愿服务传统是美国独有的特色，这也让我们引以为豪。认为美国与其他所有国家都不同的"美国例外论"（American exceptionalism）也认为，美国人民能够不受政府和商业的影响，自愿组织起来解决公共物品和服务供给问题，也是美国不同于其他任何国家的地方。

但是 20 世纪 80 年代晚些，里根政府期间，很多美国人开始担心美国正在丢失引以为豪的志愿服务传统：美国变成了一个贪婪的只追求经济发展的资本主义国家。老布什作为里根总统的继任者，为了振兴美国的志愿服务传统，发起了名为"千万光芒"（Thousand Points of Light）的项目：美国的志愿服务机构，就像浩瀚宇宙中的繁星一样，点亮了黑夜中的天空。后来虽然克林顿击败了老布什成为新一届美国总统，但他也仍然支持老布什在振兴美国志愿服务传统方面的主张。①

①　选自 Leslie Lenkowsky 教授口述、马季采访整理的《正在消逝的"国家精神"：美国志愿服务精神与传统面临挑战》，《21 世纪经济报道》2014 年 6 月 27 日。引用时略有微小改动。

尽管导师 Leslie Lenkowsky 教授认为这种美国人引以为豪的"国家精神"，正面临巨大的挑战。但一年美国生活的经历，仍然让我这个"老外"对美国的志愿服务赞叹不已。

开学初，大学在 Orientation 时发放的学校指南中，就有一段是专门介绍志愿服务的。上面简明扼要地介绍了如果希望参与社区的志愿服务，可以登录社区志愿服务网站，检索志愿服务岗位需求。在这个网站上，列出了每天社区里的各家非营利组织所需要的志愿服务岗位以及一些非营利组织的志愿者培训时间。居民可以自行选择感兴趣的项目和方便的时间前去参加。

小镇上各类非营利组织的志愿服务丰富多样，但并没有一个所谓的统一的志愿者或义工注册机制，没有类似于国内义工联、志愿者协会等机构来"组织"当地的志愿服务，来"记录"志愿服务时长，更没有统一的志愿者积分或是表彰等。所有的志愿者管理工作都是由每一家机构自行组织的，招募、培训、表彰等，都是机构个性化的。记得曾偶然地参加了妈妈橱柜的年度志愿者表彰会，获得该机构当年志愿者大奖的一位女士在几分钟的演讲中几次哽咽，她反复地强调，在这里做志愿者更多的是得到而不是付出。而这位女士年过七十的父母特意从另外一个城市赶来参加女儿的颁奖会！可见，老美非常看重志愿服务，珍视志愿服务荣誉，但这些都与功利目的无关。

（一）切身体验的志愿服务：高度重视服务对象的权益保护

经过导师推荐，我报名参加了石带（Stone Belt）（详见本书第一篇）的志愿服务。在真正开始志愿服务前，我需要先填写长达十几页的表格，这些表格不仅包含基本的个人信息，更有若干开放性问题需要回答，诸如为什么要参加志愿服务，有没有跟残障人士接触的经历，等等。同时，机构还会给若干志愿者指南，其中我印象很深的一条是，与服务对象的肢体接触仅限于握手，包括拥抱等肢体接触都是不允许的。在填写并递交这些文字资料后，机构会通知志愿者培训时间。培训的内容包括播放机构短片、介绍服务注意事项和参观机构场所等。在培训时，我记得志愿者部的负责人反复跟大家强调，在跟智障人士交流的时候，要注意用词，不可使用带有歧视性的语言；不可以在提供志愿服务的时候拍照、录像等。在我第一次到该机构访谈的时候，曾经在征求机构负责人同意的前提下，拍了一些远景画面。在我担任志愿者后又偶遇机构负责人，她反复对我强调，即便是远焦照片，也不能外传。

在实际的志愿服务中，有一次在跟服务对象聊起有关孩子的话题时，我很自然地拿出手机想让服务对象看一下我女儿的照片，然而立即被正式工作人员制止，而且他严厉地批评了这位服务对象。不允许看志愿者的手机，看来这是这些智障人士早已理解并熟悉的规则，是我无意中冒犯了。其中的原因或许很多，也许是担心智障人士看到一些不健康的照片或视频，也许是担心志愿者用手机拍下服务对象的相貌，侵犯个人隐私吧。

将我自己的志愿者体验与女儿在儿童公益托管机构（详见本书第一篇）接受志愿者服务的经历结合起来，我发现，充分保障服务对象的隐私是各个机构反复向志愿者强调的。无论是平日的晚托班还是假期的夏令营，男女生俱乐部（Boys & Girls Clubs）的任何活动都没有老师拍照，所有全职工作人员和志愿者老师在带领小朋友活动时都不能携带手机。所以，我几次咨询老师有没有活动照片，得到的答案都是"No"。所有的活动都不是做给家长看的，都不是为了发朋友圈宣传的，都不是为以后的招生做广告的，而是为了保障参与者的当下权益。几乎任何机构在涉及儿童的服务时，只要在活动过程中会有拍照环节的，都会提前让家长填写一份肖像使用同意书。

除了拍照，这些机构还都强调志愿者不可与被服务对象有肢体碰触。女儿说，在晚托班，老师与孩子们的肢体接触最多也就是两人击掌表示鼓励（give me five），而不会有拥抱等行为。我注意到，即便是小朋友需要安慰，老师们也只是俯下身子，而鲜有身体接触。

我在石带的志愿服务分为两个截然不同的内容。单周是陪伴这里的服务对象，简单地聊聊天。双周是查找相关资料，为该机构申请政府资助项目提供文献依据。服务内容不同，感受也各不相同。下面的专栏记录了我担任两类志愿服务者的最大感受。

专栏

志愿者手记1：每个人都是独特的

当有了女儿，做了妈妈之后，我领悟到的最有价值的理念之一就是"每个人都是独特的"。不把孩子与其他孩子比较，不把孩子与童年的自己比较，让孩子做最好的自己。《你很特别》那个绘本，伴随着我和孩子共同成长。

而在 Stone Belt 这里做志愿者的几个月中，我深深地领悟到"每个人都是独特的"这句话的含义。尽管统称为"发展性障碍"，但是学员之间有着巨大的个体差异，每个人都有 TA 独特的一面，都有不同的需求，都有不同的内心感受和表达方式。

一个胖胖的女孩是我在这里见过的最"聪明"的，她一见到黄皮肤的我就热情地问我是不是中国人，说她在幼儿园的时候有一位中国的老师，她每次都会如数家珍地讲到她所了解的关于中国的东西：长城、大熊猫……甚至还会用中文说"你好"、"谢谢"等简单的日常用语。她喜欢手工编织，每次见到她，都是微笑着沉浸在自己的毛线世界里。

另一个瘦瘦的女孩可能是这里残障程度最重的，她只能坐在轮椅上，无法独自站立，没有任何的语言表达。但工作人员让我拿一些小珠子来问问她的喜好。当她看到她喜欢的珠子时，她的嘴角会微微上翘，眼睛里会闪出一丝光芒；当她不喜欢时，则是完全无动于衷，两眼呆滞。她的表情变化微乎其微，不细细觉察，难以发现。但其实，她有她的思维，有她的表达，嘴角和眼神的几毫米的变化就是她对外界世界的全部反馈。这里的工作人员就是通过些许的嘴角变化来洞察她的情绪变化，并进而给予相应的回应。

还有一个稍稍年长些的女士，每次见她都是坐在椅子上无所事事，嘴巴里发出呼噜呼噜的声音，但一直示意我去关注她，不停地用手比画着什么。后来工作人员说，她说的就是三个词：妈妈、家、教堂。可能是因为我每次都是周一去做志愿者，周日她刚刚跟妈妈去过教堂，于是每个周一就不停地说这些。这个人其实是可以自理的，但她总是喜欢引起他人关注并寻求帮助。每次我要去帮她穿衣、拿东西等，工作人员就会制止我，并让她自己完成。

另一个年长的男士，喜欢做的事情是玩纸牌和找字母（Word Puzzle），所玩游戏类似于正常的四五岁的孩子喜欢的。一次，我跟他玩"排火车"的纸牌游戏，他兴奋极了，一个劲地问我：你好聪明啊，怎么会玩这样的游戏，谁教给你的啊？

…………

这些智障人士日复一日地在这里活动，他们自己可能很难觉察到时光的流逝，但每天来这个机构，会像其他健全人士每天去上班一样，成为一种习惯、一种生活方式。

我在想，我们很难说这些人在这里会有什么"提高"和"进步"，如果按照社会服务的"成效"来衡量，他们的"改变"该如何体现呢？渐渐地，我领悟到了，"康复"并不是 Stone Belt 对这些大龄有发展性障碍人士的服务目标。他们来这里接受服务、参加活动，目的不是"康复"，更多的是建立一个与外界生活有连接的空间，尽可能地保障他们是受到尊重的，每天的生活是安全的、有质量的。关注到每一个人的独特差异，回应每一个人的个体化需求，为每一个人安排适合 TA 的活动项目，就是最大的价值。

志愿者手记2：查找数据资料的感慨

我在 Stone Belt 所从事的第二项志愿服务是为该机构进行文献检索。当时，这个机构正在准备申请一个基金会的资助项目，该项目的目标是提升残障人士的就业能力，增加他们的就业岗位。我的工作就是查找相关资料，为撰写项目报告提供数据支持。

初接到这一任务，我信心不足。我在想，就算是让我查找中文的同类资料，我可能都不知如何着手呢。然而，欣慰的是，我根据项目主管提供的关键词及相关网站，竟然很方便地找到了希望得到的所有数据。当地的联合之路会定期出版一份社区需求报告，涵盖了当地社区的各类人群的基本数据及各方面的需求，为项目设计人员、资助方、社区领袖等提供参考依据。这也是联合之路发挥支持型组织的作用所在，减轻了社区中的一线服务组织在数据调查方面的压力，有效地帮助一线服务组织根据需求调查设计切实可行的服务方案，提高服务的适用性。与此同时，在 Google 检索中，我找到了全美、印第安纳州各类残疾人的基本数据、就业情况、收入情况等。数据之全面和细致，大大超出我的想象。每一类型的残疾人，如听障、视障、肢残等，均有相应的收入水平。我不禁感慨，这些丰富系统的数据，为美国学者开展定量研究奠定了坚实的基础啊。

除了关于文献可得性的感慨外，也深深被美国公益组织严谨的态度所折服。在国内，我参加的大量的公益项目评审中，几乎在"需求调研"部分都是洋洋洒洒数百字，但极少看到实际与这个项目相关的调研数据。Stone Belt 要求我做的这项检索工作就是要找到与这个项目最有关联的数据支撑，并要求每一个数据都要记录下其来源。宏观层面的权威数据，加上组织自身所调查的资料，就构成了一个项目最有力的申报必要性说明。

（二）人人都可以成为志愿者

尽管我生活的布鲁明顿小镇是一个典型的大学城，但志愿者并不限于学生群体，可以说小镇上的任何一个人都可能成为志愿服务的一分子，甚至包括在常人眼中看起来需要他人帮助的弱势群体——残障人士。

在访谈社区厨房的时候，我注意到该机构年报的志愿者介绍中，位列志愿服务前三位的是 3 家机构，且 3 家均是当地为残障人士服务的机构，3 家机构当年贡献的志愿服务时长分别为 691 小时、531.5 小时和 477 小时。原来，社区厨房与这些机构合作，共同开发了适合残障人士参与的志愿服务项目。例如，石带的手拉手项目是社区厨房在社区内征集一些爱心家庭，定期准备好一些食品放在自家门口。由石带的工作人员开车带着残障人士来到这些爱心家庭，由残障人士亲自一户一户地敲门，拿走包装好的食品，最后统一送到社区厨房。再如，另外两家残障人士服务机构 Transitional

Services Inc. 和 LIFE Designs 则是组织残障人士到社区厨房做一些食品分发、包装等工作。从效率的角度来看，由残障人士从事这些工作可能不如健全人士速度快，但是这些工作给残障人士接触社会、服务社区的机会，让他们感受到自己的价值，让其他健全人更好地了解、接纳残障人士。事实上，何止是残障人士，作为小镇上的新人，志愿服务不也是我们了解和融入当地社会的窗口吗？

在不少机构，志愿者与服务对象之间并无明显界限，被服务者本身也是提供服务者。例如，妈妈橱柜有极少的全职工作人员和超过 140 位志愿者，90% 以上的志愿者也同时是该机构的服务对象。妈妈橱柜对各个年龄段的人们敞开大门，不需要填写什么表格注册，就可以直接空降在妈妈橱柜的种植地点，成为种植志愿者。

作为小镇上的匆匆过客，我和朋友并未特意寻找，也发现了不少志愿服务的机会。为了了解当地人的生活，并无宗教信仰的我们，周日也去当地的不同教堂感受基督教文化。每个教堂自然都少不了面向小朋友的 "Sunday School"。刚开始，我们大人在教堂，女儿和朋友的孩子们就在 Sunday School，不同年龄的孩子会分到不同班级参加活动。时间久了，我们了解到，有一个工作人员专门负责安排孩子们的周日活动，每个教室会有两名志愿者陪伴孩子，开展各种适合该年龄段小孩的活动。志愿者通常轮流每个服务一次。在访学的后半年，常去的这个教堂正好缺少两名志愿者，负责的工作人员就询问我和朋友是否愿意在小班（4—5 岁）担任志愿者老师。刚听到这一询问，我有些好笑，又有些吃惊。怎么可能让我这个没有宗教信仰的、英语也并不灵光的中国人去给美国的小朋友主持 Sunday School！这位工作人员打消了我的顾虑。不一定要给小朋友传递宗教知识，只要让小朋友可以开心、安全地在这里待上一个上午，就可以啦！于是，我们就成了零宗教色彩的 Sunday School 的志愿者。更让我不可思议的是，好为人师的女儿，成了主力志愿者。每次轮到我们去照顾小孩子，她都要提前备课，准备好手工材料，根据当月的特点，给幼儿园的小朋友们上美工课。我发现，其他美国人做志愿者教师的班级，无非给孩子们讲讲《圣经》故事，做一些小游戏，向孩子们传递诸如感恩、自律等理念而已。Sunday School 存在的最大意义不在于从小给孩子们灌输宗教理念，其更直接的作用是让家长们可以放心、安心地在教堂内做礼拜，让孩子们习惯并喜欢每周日上午的教堂时光，让教堂成为一个亲切的去处。①

（三）随时随地都可以成为志愿者

从事志愿服务，也不一定要从属于某一个机构，服务于某一个项目。任何人，只要有意愿，随时随地都可以成为志愿者，提供志愿服务。

在布鲁明顿校区的中国访问学者群里，有一位被大家尊称为"Mama"的美国当地人Doris，她60岁左右，之前亲自在家教两个儿子学习，经过十几年的homeschool，两个儿子考上大学后，她几乎把全部时间与精力奉献给了我们这些素不相识的中国朋友。Doris几乎每天开设英语辅导课程，协助我们提高英语能力；每周组织"图书馆之夜"，教给小朋友如何利用图书馆资源；时常准备好丰富的食材，组织好车辆，招呼大家参与各种户外活动。不管哪位中国朋友有事寻求帮忙，Doris总是无私地伸出援手。而她自己的衣服、鞋子几乎都是善意商店花几美元买的二手货。Doris做的这一切都没有任何人、任何机构的要求，全部出自她个人的内心。有人说她可能是传教，但是从我多次的接触中，她从未对我暗示或者明示鼓励我加入某个宗

---

① 当然，不同的教堂的理念不同，并非所有的教堂都是如此。

教，从未发放过任何有关宗教的宣传资料。不可否认，她所做的一切与她的宗教信仰密不可分，但她仅仅是通过她的一举一动向我们传递了一个基督徒的信仰。

我相信，像 Doris 这样的美国人还不少，他们一直在从事着志愿服务，但没有什么组织和机构给他们计算服务时间，颁发服务奖章。志愿服务就是他们的生活方式！

（四） 非营利组织中的高级志愿者——理事

在非营利组织中，还有一类志愿者就是理事会成员。从不在机构领报酬这一点看，可以把他们归为志愿者，在这一点上中美非营利组织的理事是基本相同的。但是比起中国很多非营利组织的理事多为挂名的"虚职"，美国非营利组织的理事可是真的"理"事。能够成为一家非营利组织的理事，在某种程度上意味着你被这个社会所认可，自付机票往返于各城市间参加理事会会议也在所不惜。

在我的访谈中，有多家机构负责人谈到理事在机构治理和运作中的重要作用。社区基金会的理事会成员们每个月就要召开一次会议，某些专业领域的理事更要直接跟进某一方面的具体工作，随时把握好方向。例如，投资理财方面的理事要与基金会聘请的理财公司联系，确保基金会的投资收益。对于不动本金、只花收益的社区基金会来说，投资收益的高低直接关系到机构的正常运转。再如，一家刚刚成立几年的为家庭提供临时住房庇护的机构新希望庇护中心（New Hope Shelter），在其年报中感谢各位理事的参与，这些理事不仅仅参与了机构的重大决策，甚至还亲自参与房屋修缮、花园整理等工作。

三 公共图书馆中的公益元素

如果说前文提到的联合之路、社区基金会等，都是社区中专门的支持型公益组织，那么小镇公共图书馆的一隅，则成为连接公共文化场所与各类公益组织，连接社区居民与服务提供者的桥梁。它的存在，也在构建社区公益文化，也在塑造社区公益生态。

在门罗县公共图书馆，有一个区域叫做非营利中心（Nonprofit Center），这里与期刊阅览室、影像阅览室相比没有什么特别之处，就是图书馆的一个区域。带着好奇，我进一步打开图书馆的网页，并访谈了相关工作人员。

非营利中心希望帮助当地的公益组织，提高其管理和治理能力，提高组织可持续发展的能力，营造更好的合作环境。非营利中心所提供的服务包括建立数据库、开放图书馆的空间、讲座培训、一对一咨询等。

通过图书馆的网站，可以进入门罗县自己的非营利组织数据库，该数据库并不涉及非营利组织的财务报告等信息，而更多的是面向居民进行服务查询。例如，想了解为流浪汉提供服务的组织，输入"homeless"，可以查询到在整个县域内有哪些机构提供相关服务，机构的各种联络方式是什么。这样，当图书馆遇到相关人士求助的时候，就可以快速地链接到有关的资源。

在图书馆的非营利中心有一个角落，集中摆放有关非营利组织管理的书籍。尽管印第安纳大学拥有全美排名第一的非营利组织管理专业，也拥有丰富的非营利组织相关的专业书籍，但是并不是每一个小镇居民都可以进入印第安纳大学的图书馆借书，而公共图书馆就可以惠及所有社区居民了。在这里可以找到从战略规划到组织治理、从募捐筹款到信息公开等各方面的专业书籍。

非营利中心还会定期举办非营利组织管理运营方面的讲座，这些讲座与图书馆的专业优势紧密结合，重点教授信息查询、数据检索等方面的内容。例如，我曾经参加过的一次讲座是关于如何查询大型基金会的资助信息的，这些对非营利的实务工作者来说，都是非常有实际价值的信息。

图书馆会有一些面积不等的小教室，非营利组织负责人及普通居民都可以提前预约使用。一些办公条件有限的非营利组织或是松散的志愿者团体，就可以利用公共图书馆的地方开会。

我询问图书馆的负责人了解到，并不是每一个地方的公共图书馆都有这样的非营利中心。只是在门罗县公共图书馆和联合之路有意推动下，才一点点建立起来的。我猜想，这或许与其刚好地处美国非营利组织研究的学术重镇有关吧。

每当我路过门罗县公共图书馆的非营利中心，我都在想，这个位于小镇中心的公共图书馆不就起到了公益孵化基地的作用嘛。国内各地正在大力推进的孵化基地，还只是公益"圈内"的事，对于尚未踏入公益圈的普通居民，以及正在公益圈外徘徊的公益创业者而言，可能找到孵化基地，就是一件颇费周折的事情。而立足于图书馆的孵化基地，更加贴近居民原有的生活，似乎更容易"被找到"！我在想，倘若国内的公共图书馆也能辟出专门的"公益角落"，放置若干与公益相关的书籍，允许公益组织借用图书馆的场地开会，那么公益理念的传播速度一定更快，范围一定更广。

四　思考与结语

　　紧密、覆盖广泛的社区非营利组织，形式多样、快捷灵活的捐款捐物，丰富多彩、触手可及的志愿活动，让公益成为普通美国人日常生活的一部分。或许这些在我看来有些小小惊喜的活动，却已经是美国人司空见惯的小事，并非什么抓人眼球的热门话题，很多在我看来值得报道的公益活动现场，却从未看到过记者的身影。例如，社区基金会的年度社区影响力项目发布会，某机构发起的走路筹款活动，等等，都没有大张旗鼓地宣传造势；Boys & Girls Clubs 精彩纷呈的夏令营活动把所有精力都用在专心陪伴孩子身上，丝毫不见公关与营销，甚至作为家长的我还有些小小的失落。或许我们也可以从另外一个角度来解释这一现象，这里的公益不是造出来的，而是实实在在做出来的。它不需要什么噱头，它就是生活！

第三篇
社会创新实践 ——————

20 世纪初美国现代公益从宗教慈善中分离出来，形成一个科学专业的领域。公益组织用专业的技术方法去筹集资金和执行项目，试图去寻找社会问题的根源，并试图最终解决社会问题。在科学慈善运作模式下，公益组织主要通过筹款、捐赠和服务收费的方式开展活动，它们向企业、政府和个人筹集经费，为低收入群体提供免费或低收费的服务，去弥补政府和市场服务的不足。在这种模式下，公益组织扮演的主要是资源传递者和服务提供者的角色，其自主性和创造性往往会受到资助方的限制。

目前，这一行业进入一个新的发展阶段，公益组织的类型越来越多元，资金来源和使用的方式也越来越丰富。很多公益组织开始探索更多地利用市场机制和商业手法解决社会问题，也开始探索与政府、企业家、慈善家建立更加平等的合作关系。社会企业和社会创新的魅力让我看到公益慈善还有更大空间和无限的可能。

本篇的几个案例将会呈现几个在不同方面具有社会创新色彩的组织。仁人家园主要使用新型的融资方式，用贷款和合作购房、合作建房的方式让低收入家庭"居者有其屋"；"编程美国"（Code for America）采用高科技的信息技术帮助改革政府传统公共服务模式，促进政府与非营利组织紧密合作，推动公共服务体系系统性的变革；复兴创业中心通过投资和培训的方式帮助弱势群体创业，改善低收入群体生活。这些组织在不同的层面突破了传统社会服务组织的运作方式，在理念、技术和利益关系层面都更具有社会创新的色彩。

当然，这几个案例只是我们在访学过程中发现的个案，无法代表和呈现美国社会创新的整体格局。美国社会历来孕育着创新的种子，这也是美国公益慈善充满活力的根源。在传统中延续，在创新中发展，美国现代公益百年发展的经验和智慧也许能够给我国本土公益的发展带来一些启发。

居者有其屋

——谈谈美国仁人家园合作购房模式[*]

社会组织在发展过程中，往往会遇到资金瓶颈，仅依靠外部捐款或政府购买服务难以实现社会组织在财务上的可持续发展。"社会企业"作为一种创新性的治理机制，引入商业手段解决社会问题，既提供了相应的公共服务，又实现了机构的良性运转。

美国就有一家社会组织，致力于以合作购房的形式，解决低收入群体的住房问题。在多年的实践中，它取得了诸多成功经验。虽然国情不同，但这些也值得中国城市管理者以及相关社会组织参考。

一　什么是仁人家园

国际仁人家园（Habitat for Humanity International，以下简称仁人家园）是一家致力于在世界范围内解决低收入群体的住房问题的非营利组织，总部位于美国佐治亚州，成立于 1976 年。

仁人家园起源于 Koinonia 农场。1968 年，米勒德·富勒（Millard Fuller）在 Koinonia 农场开始合作建房项目实验，设立了"仁人基金"（Fund for Humanity）。该基金的资金来自合作建房者支付的无息贷款以及支持者的捐赠。资金的持续注入，保证为其他有住房需求的人继续建房。

1973 年，富勒将这一模式运用到了扎伊尔（现刚果民主共和国），成功

---

*　本文主要内容出自徐宇珊《居者有其屋：美国仁人家园的合作购房》，《东方早报》2015年 5 月 19 日。

地解决了当地 2000 人的住房问题。由此富勒认为此做法可行，1976 年，他回到美国正式建立了仁人家园。1996 年 9 月，时任美国总统克林顿为富勒颁发了总统自由勋章，这是美国的最高平民荣誉，"富勒让美国及世界各地的人们实现了住房梦，毫不夸张地说，富勒改变了慈善的理念"。

仁人家园的理念是每个人都有权利拥有体面、安全、经济实惠的住所。成立 40 多年来，仁人家园在全球的志愿者和捐赠者的帮助下，在世界上 100 多个国家新建和修缮了 100 多万所住房，服务了 500 万人。1984 年，美国前总统卡特及其夫人在纽约布鲁克林地区的仁人家园担任志愿者，其参与提高了仁人家园的知名度，引发了美国各地民众对仁人家园工作的兴趣。此后，全美各地仁人家园的新会员人数激增，数以万计的志愿者投身仁人家园的项目建设中，极大地推动了该机构的发展。

具体而言，仁人家园的机制是，互助购房者与志愿者共同劳动建造房屋，通过购房者偿还无息贷款、外界捐赠及各种筹款活动，形成资金循环池，用于继续建造房屋及支持机构发展。在世界其他国家，仁人家园与当地机构合作，通过各种创新性的融资方式，帮助人们建房。除了新建住宅，仁人家园也在很多社区改造或修缮已有住房，改善居民的住房条件。同时，仁人家园还与当地社区合作，开展救灾重建项目，以满足自然灾害发生后灾民的住房需求。

仁人家园遵循的建房原则是简朴、体面、实惠。简朴，是指仁人家园的房子规模适中，它既能满足业主家庭的各种居住生活需求，修建简单舒适的家园，又可保持最低的建设和维护成本。体面，是指仁人家园采用质量有保障的节能型的建筑材料，规划和设计合理，充分考虑当地的气候条件和文化传统。实惠，是指基于志愿者的服务、捐赠者的慷慨资助、高效的建筑方法、适中的住宅面积以及零利息的贷款，仁人家园的住宅价格会低于市场平均价格，让低收入人群可以负担得起。

二 印第安纳州门罗县的运作

印第安纳州门罗县仁人家园成立于 1988 年，刚成立的近 10 年间，它完全靠志愿者运营。如今，它已拥有超过 10 名全职员工，在门罗县修建了 150 多所房子，满足了 360 余人的住房需求。它连续几年被国际仁人家园授予优秀分支机构勋章（Affiliate of Distinction），这意味着，门罗县仁人家园位于全美所有分支机构的前 100 名。它还被《时代先驱报》评为担任志愿服务者的最佳选择（Best Place to Volunteer）。

在美国，仁人家园建造的住房不会无偿送给低收入群体，而是要求符合条件的购房者互助建房，并以无息贷款的方式支付房款。参与仁人家园合作购房的家庭必须满足以下三个条件。

第一，家庭有住房需求。简单地说，就是现有住房无法满足一家的需要，且无法从其他途径获得住房。门罗县仁人家园对合作购房家庭的收入要求是，家庭收入为当地平均收入的 25%—80%，必须至少有一年的稳定收入。可见，太穷的人并非仁人家园的服务对象。

第二，家庭成员有意愿成为合作伙伴。这种合作关系是仁人家园项目独有的特色。正是彼此之间的互助，降低了建房成本，也让购房者通过劳动感受到参与的快乐。门罗县仁人家园要求家庭中的每个成年人必须提供 250 小时的志愿服务，贡献"汗水股权"（sweat equity）。原则上，每个家庭成员都必须在入住时完成所有志愿服务时间，否则不能入住。志愿服务可有多种形式，如在施工现场劳动、在仁人家园办公室工作、在二手店服务，等等。

第三，有每月偿还贷款的能力。申请合作购房的家庭必须能证明可以支付每月贷款，其中包括按揭款、房产税和保险等。仁人家园会协助评估每月贷款额是否在家庭合理承受范围内。所有申请人都必须接受信用审查。

在确定符合上述三个标准后，申请者就可参加合作购房家庭会议，并填写申请表。仁人家园的家庭遴选委员会（Family Selection Committee）要核实申请表，进行入户访谈，然后确定是否批准该购房者的申请。一旦申请被批准，合作购房者会签署一份协议，并提交少量保证金。此后，购房者一家就可以开始"投工投劳"，赚取"汗水股权"。积累了足够的汗水股权，该家庭就可以进入建房流程，与其他人一起，共建自己未来的"小窝"。每个合作购房者都需参加仁人家园组织的"业主学堂"，需参加至少三个系列的课程培训，包括仁人家园的理念与合作机构、理财规划、住宅维护和社区发展等。参加培训的时间也可计入"汗水股权"。

一般来说，从购房者提出申请到最终搬进新家，需要 18 个月。实践中，这一时间周期受多种因素影响。例如，仁人家园是否有可供建房的土地，购房者"投工投劳"的时间，房主对房屋的特殊要求，等等。在门罗县，典型的住房是木制框架结构平房，实际的建房时间并不长，从动工到入住，只需四五个月。整个建房过程中，仁人家园的全职工作人员主要起到协调组织的作用，他们一方面要联络规划、设计、施工等不同合作机构，另一方面要组织购房者与志愿者劳动。也就是说，在一栋房子的建筑过程中，社区整体规划设计、打地基、平整土地、铺设水电设施等技术含量较高的工作，由仁人家园联系有资质的建筑设计施工单位来实施；搬运、粉刷等一般性工作则由仁人家园组织培训普通志愿者及购房者完成。仁人家园小区的房屋建好后，外观与当地其他美国人的住房并无显著差异，没有明显的小区标志，也不会有"仁人家园"的牌子。如果不是仁人家园的工作人员带领，旁人很难看出这是一个由低收入者合作建成的小型社区。

房屋建好后，购房者与仁人家园之间，类似一般的抵押贷款者与银行之间的关系。购房者必须定期还款，款项流入仁人家园的循环资金池，资金池里的钱用来为更多家庭建造房屋。一般来说，一旦仁人家园建好 20 栋房屋，这 20 个购房者每月偿还的贷款，就可支撑仁人家园再新建一栋房子。就此，众多购房者和企业捐赠者、个人捐赠者一起，形成了仁人家园良性循环的资金链条。

不过，仁人家园之于合作购房者，既不同于一般的房地产商，也不同于一般的银行。

与一般房地产商相比，仁人家园不加价出售房屋，房子售价仅包含建房成本和土地购置成本。以门罗县仁人家园为例，机构通常不会提前囤积土地，从购买土地到开始施工建房，通常不到一年。仁人家园以购买土地时的原价出售给购房者，不从中赚取土地升值的利差。与一般的银行相比，它给购房者提供的是无息贷款。要知道，银行的贷款利息对购房者是一笔巨大的开支，几十年的贷款利息，累积下来有时甚至会超过本金，大大增加购房者的成本。仁人家园的要求是，购房者尽早还完所有贷款，通常贷款期限是15年，根据购房者的经济承受能力，也可延长到20—30年。如果提前还贷，购房者不会受到惩罚。购房者在贷款全部还清之前，房子不能拿到市场上出售。如果要出售房屋，仁人家园是第一购买人。付清所有贷款后，业主就可以自行出售了。

参与仁人家园的合作购房者，究竟能节省多少资金呢？调研中，财务主管算了这样一笔账：目前仁人家园所建的三居室房子的平均价格为8.85万美元，当地同类房子的市场售价超过10万美元，同时若以贷款8万美元、30年还清、4%的利率计算，本息和税款总计需支付17万—18万美元。因此，合作购房者总计大约可节省一半购房款。

如果购房者因经济原因无法继续还贷，那么仁人家园会让现有业主搬走，把房子卖给能支付得起的人。尽管数量极少，但过去门罗县仁人家园还是遇到过这种情况。为此，仁人家园会通过社区志愿者等给购房者一些指导和帮助，尽量避免类似事件发生。不过，仁人家园不会出于同情对无法继续还贷的业主破例。毕竟，每个月的现金流对仁人家园实现财务的可持续性至关重要。

门罗县仁人家园的另一项业务是运营一家二手家具店——再生商店（Restore），这也是美国大部分地方仁人家园的收入来源之一。再生商店主要经营品质尚好的二手家具、家电、建材等，价格为市场价格的50%—70%。二手家具店的所有收入均用于支持仁人家园。这里出售的所有商品，均来自社区中企业、个人及其他组织的捐赠。只要捐赠人打电话预约好时间，再生商店的工作人员就会开车上门，收取所捐赠的家具。由于地处大学城，学生们毕业搬家流动性较大，因此家具货源相对充足。再生商店为降低成本，对买主不再提供送货服务，买家需自行搬运。二手家具店让低收入群体低价置办家具成为可能，也减少了社区的垃圾，避免可用物品进入垃圾填埋堆。

购房者偿还的贷款、个人及企业的捐款捐物以及再生商店的销售款等构成了门罗县仁人家园多元且相对平衡的收入结构。2014财政年度（2013年7月—2014年6月）门罗县仁人家园的收入总额为281万美元，当年支出 230 万美元，净资产近 500 万美元。

三　世界各地的仁人家园

在世界各地，仁人家园与当地政府、企业、社会组织、教会及各界热心人士紧密合作，共同为解决低收入人群的住房问题努力。

仁人家园的足迹已遍布全球，目前，全美有超过 1400 个仁人家园分支机构，在全世界 70 个国家和地区设立了办事机构。所有地方机构在国际仁人家园的授权下，统一使用仁人家园的名称和 LOGO，也得到国际仁人家园的指导、监管和评估。

国际仁人家园对地方机构的评估包括七方面的标准：可持续发展和绿色建筑，整体的组织领导，社区发展，财政可持续性，符合仁人家园的战略计划，有效利用技术与公众更好地沟通，支持仁人家园的全球使命等。前面提到的门罗县仁人家园获得优秀分支机构勋章，正是基于这七方面评估。

与此同时，各地仁人家园独立运作，由自己的理事会管理，每一个地方机构都有自己的历史传统、组织架构和建设规模等。

北美之外其他国家的仁人家园，在机构运作、建房模式、房屋结构等方面各有不同。它们会结合当地社会经济文化传统，形成本地特色。从菲律宾的热带海岛，到智利的山区，各地仁人家园建造的房子均就地取材，既降低建筑和维护成本，又体现民族元素。各地的购房费用也采取不同金融模式，如政府补贴、公益捐赠、小额贷款等均有可能。

美国每个地方的仁人家园都会与其他国家或地区的某个仁人家园结成姐妹机构，帮助发展中国家的仁人家园筹款建房。例如，门罗县仁人家园与乌干达仁人家园是结对的姐妹机构。国际仁人家园要求美国各地分支机构将 10% 的捐款给结对的姐妹仁人家园。据统计，2014 财政年度，全美各地仁人家园共向世界其他地方的姐妹机构捐献了 1290 万美元。

国际仁人家园在中国也有办事机构，即中华仁人家园。仁人家园于2000 年正式进入中国，总部位于香港，目前在云南、广东、广西、四川及上海均设有办事处。其主要项目包括灾后重建、为弱势群体（如低收入家庭和残障人士）翻建或改造住房等。

四 结语

国际仁人家园在北美以合作建房、偿还无息贷款的形式运作，采取的是典型的社会企业运营模式。这一模式既让各地分支机构实现了财务多元化和可持续发展，又让低收入群体通过自己的努力有尊严地获得自有住房。国际仁人家园在包括中国在内的世界各地，融入当地的社会经济文化之中，与各类机构合作，通过多种资金渠道帮助受助群体改善居住环境。可以说，国际仁人家园帮助众多低收入群体实现了"居者有其屋"，仁人家园和众多捐赠者及志愿者不仅是帮助他们建造房子，更是为他们建造梦想家园，重树生活信心。

"硅谷派"社会创新：如何协助政府应用前沿信息技术*

2009 年的一天，珍妮佛·帕哈卡（Jennifer Pahlka）的哥哥问了她一个困扰自己很久的问题：为什么政府部门的 IT 系统这么难用？在 IT 行业工作的珍妮佛看了看她哥哥所使用的系统，也很纳闷：在商业领域里针对类似的系统，早已有了更为成熟和易用的技术，为什么政府还在用着过时的技术？为了回答和解决这个问题，珍妮佛在硅谷创立了"编程美国"（Code for America，CfA）。作为硅谷社会创新领域最为前沿的组织之一，"编程美国"的使命是推动政府利用前沿的信息技术来更好地为公民提供服务。

"为什么政府还在用着过时的技术？"这个问题似乎不太符合好莱坞大片给我们塑造的对美国政府信息化的想象，然而这却是事实。"旧金山市的政府不知道自己的监狱里关了哪些人，你相信吗？""编程美国"的总监米沙（Mischa）说道，"我们帮助监狱开发了专门的可视化系统，用于统计和监测整个监狱系统的各种信息，而以往这些信息都散落在各个部门或者个人的电脑里。"

为什么"有钱有势"的美国政府在利用先进的信息技术方面显得"困难重重"？在崇尚自由市场的美国，人们对政府的各种负面看法由来已久，往往假设政府在主观意愿上就是顽石一块，拒绝改变和接受新鲜事物，然而事实并非如此。官僚文化和问责机制的不完善是政府信息化发展的两大障碍。

詹姆斯·威尔逊（James Wilson）在其经典著作《官僚机构》中对政府

---

* 原文刊发于《21 世纪经济报道》2016 年 3 月 24 日，作者：马季、朱照南。

的官僚文化进行了深入分析，观点之一就是不要看官僚机构的组织目的是什么，而要看机构中的人所面临的具体环境。在美国，除了和国家安全相关的技术工作，政府的绝大部分信息系统都外包给了商业公司。但是，这些商业公司在做政府项目的时候，设计易用的用户界面和使用先进的信息技术并不是它们的最大考量。和官僚政府一样，它们主要关心的问题是"如何不搞砸"，而不是"如何做更好"。"所以你就知道，为什么绝大部分的政府门户网站都那么难看，因为它们本来就不是为了满足市民的需求而设计的，而是为了满足政府的需求。"米沙说道。针对类似的问题，"编程美国"开发了一系列的操作指引和手册，指导政府如何开展"以市民为中心"的信息化工作。

政府是"为人民服务"的政府，其需求与市民的需求本质上应该是不矛盾的，但为何如此水火不容？一个主要原因就是，即使在美国这样的代议制民主国家，政府行为的问责机制都很不完善。"政府不关心食物券（由政府发放给低收入和无收入人群的代金券，可用于购买食物）是否发放到位了，因为即使没到位也没有关系。"米沙说道，"这种情况下你很难指望政府有动力去把事情做好。"企业生产的产品如果质量不好，用户就不会购买，这样的市场激励使得企业不断提高自身的产品质量，而在问责机制不完善的情况下，政府缺乏这样的"市场激励"。

"编程美国"的主要工作之一，就是将硅谷开放创新和以人为本的高科技文化注入政府；但是和单纯的倡导型组织不同的是，"编程美国"的工作更有建设性——"协助政府改善而不是一味地指责"。"编程美国"每年都会遴选出一些优秀的技术人才，让他们进入政府部门协助政府利用更为有效的技术，改善自身的工作。"这些人可不是免费送的，政府要自己花钱买。"米沙笑着说道，"不放点血他们是不会认真起来的。"

除此之外，"编程美国"还动员了数千名技术过硬的志愿者，基于开源社区 GitHub，开发了各式各样的提供公共服务的实用程序，例如，标记和监测消火栓是否工作良好的在线地图，监测海啸警报器工作状态的平台，以及预测学生是否会提前辍学的应用，等等。因为这些程序都是开源的，任何个人或政府又都可以基于既有的代码做二次开发，从而实现一些定制化的功能。政府和个人也可以将自己没有能力解决的技术问题列在"编程美国"的平台上，从而得到"编程美国"志愿者社区的快速响应。通过这一系列的工作，"编程美国"打造了一个政府和公民通过技术手段一起协同合作、解决社会问题的生态系统。截至2016年1月，"编程美国"已经开展了4300多个项目，协助解决了近两万个问题，动员了4万多名志愿者。这些数据在"编程美国"办公室的大厅里实时地更新着。

但仅有"编程美国"的努力是不够的，政府官员也并非我们想象的那样不思进取——政府内部也有一些非常有创新精神的官员，他们被"编程美国"称为"官僚创业家"（entrepreneurial bureaucrat）。这些官僚创业家协助"编程美国"把优秀人才引入政府协助政府工作，如同在官僚体制内种下了开放创新的文化种子。与此同时，这些"体制内"的创业家之间也相互交流、相互推荐。就这样，仅仅成立6年的"编程美国"已经在美国具有了巨大的影响力。仅2014年一年，"编程美国"就动员了数千名志愿者，通过引入更有效的技术手段，协助全美138个市政府更有效地为市民提供公共服务。这些服务大都是市民经常需要的，例如，让父母及时了解自己的孩子在学校的表现，更快更方便地申请食物券，帮助残疾人了解周围社区的无障碍设施，等等。

在问及如何评价"编程美国"的工作成果和社会影响力的时候，米沙坦然说道："很难衡量，我们很难说政府在提供公共服务方面的改善是因为我们的工作，所以前期投资我们的都是一些非常有理念的慈善家和许多高科技公司的创始人；他们的企业甚至是自身的成长都得益于硅谷的发展，所以他们更能理解社区服务和环境的重要性，也更愿意将他们的财富反哺给社区，这是一个良性循环。"米沙提到的这些高科技公司就包括了Google、Facebook、Microsoft以及LinkedIn等科技巨头。硅谷开放创新的文化，不仅对商业创新的回报风险非常包容，对社会创新的回报风险也同样包容。

在中国大陆，另外一家名为英明泰思（Intetix）的社会创新机构也正在积极地推动着和"编程美国"类似的工作。英明泰思公司以"为美好生活洞见数据价值"为使命，主要关注如何通过数据科学改善人类生活和社会。

"匹夫数据挑战赛"则是英明泰思公司的主要项目之一。秉承"天下兴亡，匹夫有责"的理念，该项目通过竞赛的形式，鼓励年轻人利用政府和相关机构的公开数据，发掘能够改善生活和公共决策的信息、算法和应用。但在中国，这样的社会创新机构还是太少，我们要走的路还很远很长。

复兴创业中心：用新型方式支持
弱势群体创业

在旧金山市中心有一家名为复兴创业中心（Renaissance Entrepreneurship Center，REC）的非营利组织。该中心主要的使命是为湾区的弱势群体创业者提供包括培训、资金、技术等在内的全方面的创业服务。

复兴创业中心致力于为边缘群体提供专业的创业服务，让更多有创业梦想的个体获得资源和技能，创造真正服务市场的产品，并产生良好的经济价值和社会价值。复兴创业中心帮助服务对象形成商业计划，为他们寻找资源和资本，持续提供创业者在创业过程中需要的各种支持。创业中心为小微企业创业者，尤其是弱势群体中的创业者打造了一个具有活力的、支持式的社区，也为所在城市经济的健康发展作出了贡献。

通过深入访谈复兴创业中心的运营总监丽莎（Lisa），我们了解了复兴创业中心具体的理念、运作模式和社会效果。

在中国如火如荼的"创业"大潮下，复兴创业中心30多年的专业运作经验和踏踏实实的服务理念非常值得我们学习和借鉴，也希望国内能够涌现更多提供个体创业、弱势群体创业服务的社会组织，将"大众创业"的口号变成实际的行动。

一 复兴创业中心的目标定位和理念

旧金山地处美国创业氛围最浓的加州，各种高科技互联网创业公司层出不穷，我们走在旧金山市中心，也发现大大小小的风险投资公司林立街头。整个城市充满了创业、创新的氛围，也弥漫着资本的味道。

然而，在与丽莎的谈话中，她却用完全不同的视角为我们解读了硅谷的创业气氛：

> 风险资本家热衷于投资应用程序和各种概念，市场也在很多方面迎合这一趋势。风险资本投资公司并没有真正进入市场，它们不销售产品，通常是在研究一个概念或开发一个应用程序，等着像谷歌这样的公司来收购。它们并没有采购或销售任何东西，它们依赖着风险投资家的注资，就像它们并没有购买原料做蛋糕、卖蛋糕。它们在研究和调查中烧钱，虽然它们的工作非常辛苦，但它们并不真正地在市场上经营业务，互联网行业充满泡沫。这仅仅是我的想法，但我是这么认为的。讽刺的是它们能够赢得资本市场的青睐，仅仅是因为它们看起来不错，有升值的潜能，它们并不需要进入市场，提供好产品，创建社区。所以这是一个有点扭曲的资本市场机制。

正如丽莎描述的，复兴创业中心作为公益领域的创投机构与商业风投机构存在很大的差异。

首先，复兴创业中心秉持社会公正的理念，服务的客户大多是风险投资家不关注的边缘创业群体。商业领域的风险投资家投资选择的对象往往是那些具有巨大商业潜力的产品开发者，而复兴创业中心关注的是那些需要帮助的边缘人群，希望以支持他们创业的方式改善其生活状况。

> 风险资本家总是给予丰厚的报酬，以保证找到最好的、最聪明的开发各种应用程序的人。我们的客户都是那些风险投资家不感兴趣的人。我们的目标是为资源贫乏的人创造经济机会，并支持建设一个充满活力的社区。因此我们提出了经济和社会正义的目标，这些都不是风险资本家会做的事情。风险投资可能带来具有社会效益的副产品，这样他们可以睡得更好，自我安慰他们的产品使世界变得更好。但他们的主要目的是赚钱，他们倾向于高风险的投资，因为他们可以投资十

多个项目，只要其中的两三个项目挣钱，利润就很可观。我们合作的客户风险防范能力很低，他们中的一些人有孩子，一些人刚出狱，他们都是那些需要挣钱，或尽量减少损失和最小化风险的人。所以我们很努力地帮助客户创造更好的生活。

其次，REC 支持创业者专注市场需求，接受市场检验，而不是单纯受资本驱动。在资本和创业的大潮中，复兴创业中心选择那些专注为市场提供真正产品和服务的小微企业创业者。他们不同于商业资本以追逐利润为出发点，而是专注于人们的生计，复兴创业中心希望自己的服务对象不受资本驱动，不是迎合资本的需求，而是真正地服务市场。

与风险投资家合作的创业企业需要观察并研究市场，但它们不卖任何东西，它们考虑的是风险投资家或他们顾问小组的喜好，因为这是它们需要讨好的对象。当你还没有进入市场，依赖四五家风险基金的投资时，你当然需要花时间讨好他们。尽管你研究市场，但没有进入市场，并没有真正地测试市场的反应。而我们的合作对象真正市场化了，接受市场的测试，我们与它们合作，帮助它们真正了解它们在市场上的位置。如果你可以做一个非常好的蛋糕，但没有人买的话，你就没有真正地经营业务。

再次，复兴创业中心引导和支持创业者关注长远利益，而不是投机和短期盈利。在商业投资领域，很多创业公司成立的目的是等着被收购，然后创业者个人从中获得财富后撤出。然而复兴创业中心却希望支持那些踏踏实实为市场提供可持续服务的小企业，例如饼干店、餐饮店等小微企业，帮助它们良好地运营下去，实现个人和社区的综合效益。

我们也希望我们支持的公司赚钱。我们希望它们做得更好，更有竞争力，我们希望有人购买它们的饼干，购买它们的簿记服务或餐饮服务，因为它们做出了很好吃的饼干，它们有很棒的簿记员，是很棒的餐饮供应商。因此我们正在努力确保它们在市场上具有竞争力。我们希望支持它们学习如何竞争，如何最小化风险，如何制定战略规划，寻找和创建业务网络。所以我们向它们提供贷款，使它们有资本继续前进，并帮助它们规划业务的增长方向。但我们这样做的目的不是建立一个公司再把它卖掉，我们希望支持我们的客户为自己创造更好的机会，为自己和家人创造更好的生活，建立更好的社区。所以我们着眼于长期的利益。

二 复兴创业中心的服务模式总结

经过 30 多年的发展，复兴创业中心形成了非常完善的服务模式以支持小微企业创业者。这一模式包括服务对象的筛选和确定、完善的课程体系、创业者共同体建设以及成熟的市场营销和筹资等。

1. 复兴创业中心的服务对象：持续创业家和产品创业家

很多受助对象进入复兴创业中心之后，首先需要清楚自己到底想做什么，自己到底属于哪种类型的创业者。根据丽莎的描述，一般来说接受复兴创业中心服务的创业者可以分为两种类型：持续创业家和产品创业家。

所谓持续创业家（serial entrepreneurs），主要是指那些能够持续创业的人，他们喜欢创造新的事物并将其带入市场，一旦有了新的想法，他们就会创业，运营业务；一旦他们对其他东西感兴趣，他们又会创立新的企业，将新的东西带入市场。持续创业家，他们的意图是创建一个有利可图的公司，所以他们并不执着于某一个产品或服务。

而产品创业家则是专注于某一项业务或服务，他们大多数喜欢自己正在做的事情，他们想就此做一个生意，希望以此为生，想基于自己对产品的兴趣和技能建立自己的企业。

REC 面对服务对象，第一件事就是让他们明白自己是想做一个持续创业家还是产品创业家。

我们试图帮助人们明白这二者的区别，就像你想一直自己做饼干还是想建立公司，雇用 15 个人来做饼干，人们的回答和选择是不同的，我们会支持他们的选择。无论是持续创业家还是产品创业家，我们都支持他们。而持续创业家也可以是产品创业家，他们可以设计产品，也可以做其他的工作，但这样的客户不多。有些客户刚开始经营一项生意，但之后他又有了新的想法，因为他是非常有创造力的人。但多数情况下，客户的出发点都是自己感兴趣或擅长的业务。

复兴创业中心多数服务对象属于产品创业家，例如蛋糕制作、手工制品、网站设计等技术性、服务型的业务。最初这些创业者都是自己有一技之长，然后慢慢转型有了自己的公司，但是这些公司通常都不会做太大，因为他们还是主要依靠自己的技术工作。

比如说，我们有一些绘图艺术家，他们设计网站，为企业做设计，因为对此感兴趣，他们想做这样的生意。所以他们会开设公司，随着业务的增多，他们需要雇用一个新人。所以他们需要从以绘图为生的艺术家身份转型，转为管理艺术家、记账员的管理人员，今后也许一周他们用来进行绘图的时间只有 5 个小时。所以我们客户的业务规模通常保持在一到三个人的规模。他们并不打算扩大业务，不想转型，他们还想一直做他们最初做的实际产品或服务。

2. 复兴创业中心的服务内容：课程培训和资源网络

复兴创业中心目前已经形成了非常完善的课程体系和资源网络，为处于不同阶段和水平的创业者有针对性地提供他们所需的服务。

对所有申请服务的创业者，复兴创业中心首先要做一个初步的筛选和分类，要甄别申请者自身在商业领域的经验、热情、创造力和主动性，以及他们自身的资源，只有那些真正具有创业精神和符合创业条件的人才会进入复兴创业中心的服务范围。此外，复兴创业中心也会根据服务对象的水平和处境推荐他们参加不同等级的课程。

我们甄选的条件包括这个人在商业领域的经验、热情、创造力和主动性，以及他/她的资源。我们需要确认的是如果我们支持他们，他们进入课堂可以受益并进步。如果他们各方面的条件都很好，那么他们不需要我们的帮助。如果他们各方面条件都比较差，那么他们需要的可能是初级课程，即"start your own business class"（开创自己的业务），这是为期3周的初级课程，主题是创意的可行性。这就是我们的甄选技巧，我们要确保我们的合作对象处于合适的水平，这样我们可以最大程度地提供帮助，使他们加速前进。

目前复兴创业中心根据服务对象所处的创业阶段不同将其分为两种类型，即处于创业启动阶段和企业发展阶段的服务对象。

对于处于创业启动阶段的服务对象，主要为其开设为期3周的初级课程，主要是帮助他们了解和确定自己商业想法的可行性。为他们提供一些创业初期可用的基本工具，帮助他们分析自己商业想法的可行性、市场前景，帮助他们了解基础的企业管理、市场、运营和财务知识，最终帮助他们形成完善的商业计划。

而对于处于企业发展阶段的服务对象，主要是针对那些已经开始投入生产，进入市场的小企业家，复兴创业中心为他们开设更加全面和高级的培训课程。包括一对一的企业咨询、办公软件培训、财务教练项目以及商业计划的改进服务等。例如会计、记账、营业税、合同管理、人力资源管理、法律、营业执照、市场营销、运营、小企业贷款、技术服务等各种与企业运行相关的课程。

复兴创业中心的培训一个很重要的特点就是讲授课程的老师都是富有实践经验的创业者，而不是学院派的教授。实践导向、经验基础的培训能让服务对象获得一手的实际指导，解决自己创业面临的实际问题。

多年来我们一直遵循一些教学和服务原则，其中一个就是我们的老师都是富有实际创业经验的人，我们邀请小型企业主在课堂上教学。如果您坐在这里，给您授课的人同时也经营自己的业务。我们的老师通常不是教授，如果他们有自己的公司的话，他们也可以来授课。我们的课堂不是学习哈佛商业评论，是以经验为基础的，是在这里开始自己的事业。如果你想在某个街角开一家咖啡店，你要在早上 6 点到街角观察那里的人流量。如果一个小时内只有四个人经过，那么在那里开咖啡店是不可行的。所以我们的课程是基于你自己的经验，你正在学习的也是自己的业务，你身处的是互相学习的团队。

在教学过程中，也需要学员时刻将所学知识与自己的企业运营结合起来，达到学以致用的目的。这也与大学里面的 MBA 课程设计的目的有较大区别。虽然知识体系是相同的，但是复兴创业中心更强调学习者与实践的联系。这样实用性导向的课程非常符合这些创业者的需求，他们多数人没有时间和金钱去大学专门完成 4 年的专业教育，但是复兴创业中心的课程给了他们最简单、实用的理论、技术和工具。

我们教授财务、运营的专业知识，他们的家庭作业都是围绕他们企业的财务情况。所以他们学习盈利和亏损表、资产负债表，学习所有不同类型的财务规划和系统，但他们需要将学到的知识用来分析自己企业的财务数据。这和学校的教学方法很不一样，在学校的课堂上，如果教授教我们做资产负债表，他/她会给出一些示例数据，让我们进行财务分析。但是在这里，学员分析的是自己企业的财务状况。所以他们会分析利润和损失，并绘制图表，如果图表显示前 3 个月都是赤字，但到了 4 月份开始盈利，我们会提问利润是怎么实现的。他们的回答是 3 月份会有更多的客户。那么我们会进一步提问，为什么 3 月份会有更多客户呢？上年 12 月份，今年 1、2 月份并没有在市场营销上花很多钱，那么如何在 3 月份吸引大量客户呢？我们就是这样帮助学员分析自己的财务状况。

复兴创业中心有专业的课程研发设计顾问去对课程体系进行不断的更新和完善，以满足创业者的现实需求，不断增加最新的内容以适应创业环境的变化。

> 我们长期合作的课程顾问，他负责设计商业规划类课程，我们一起合作 20 多年了，他不断更新课程，跟进市场的变化，毕竟现在的营销环境与 10 年前的营销环境已经大不相同了，比如说社交媒体以及在线运营业务，有许多业务现在完全是在线经营。因此，我们根据我们所看到的内容以及我们从客户那里听到的内容来改进我们的教学方式。我们不断地自我提问，我们的课程符合顾客需求吗？我们需要改变吗？这个过程是持续不间断的，我们不断地自我审视。

除了完善的课程培训，复兴创业中心还为服务对象提供各种资源对接服务。建立有活力的创业共同体，也是复兴创业中心服务内容中非常重要的部分。30 多年来，复兴创业中心积累形成的资源网络为所有加入其中的创业者提供了强大的人脉、资源和情感支持，这也是复兴创业中心创业者能够取得成功的关键因素。

例如，在这个资源网络中，复兴创业中心为创业者链接贷款平台，帮助初创期企业解决融资问题。

> 企业面临融资问题，没有钱的情况下开办企业是非常困难的。大多数银行不会给经营时间不到两年的公司或组织贷款。那么这前两年该怎么办呢？我们努力帮助客户梳理业务，帮助他们更好地向提供贷款的机构展现自己的业务。接着就是接洽融资渠道，有些人会向父母贷款，这些贷款也经过法律程序并附有还款计划。此外，还有一些愿意提供小额金融的非银行机构，我们帮助客户完善商业计划和贷款申请，提高他们贷款成功率，Kiva 就是这样的愿意承担风险提供小额信贷的机构。我们的许多客户都从 Kiva 获得贷款。我们是非常好的合作伙伴。

再如，一些产品创业者，虽然自身有某一方面的技能，但是他们对于其所在的行业并不了解。复兴创业中心会帮助他们了解一些行业内部的普遍做法，避免他们走弯路。

一个人喜欢做饭，这并不意味着他/她知道餐饮业是如何运作的，这种情况很常见。如果你是餐饮承办商，你需要客户提前支付 50% 的费用。比如说你为我提供一项餐饮服务，定价 1000 美元，我需要提前给你 500 美元，用于食物购买。有些餐饮服务供应商一开始并不了解这些，所以我们会告诉他们这些行业的做法。当你举办婚宴时，你需要提前支付 50%—70% 的费用，这是非常普遍的，但刚入行的人可能不了解这点，所以我们教授学员很多事情，比如某个行业的普遍做法等。是的，需要了解行规。

3. 复兴创业中心的社会效果评估

成立 30 多年来，复兴创业中心已经为 10000 多人提供服务，其服务对象中有超过 46% 开创了自己的公司，而且公司存活率达到 94%，企业平均收入达到 9.8 万美元，每家小微企业平均创造 3 个就业岗位。根据统计数据，4/5 的企业在创业前三年内会失败。但在 REC，学员的成功率达到了 94%。这说明复兴创业中心提供的服务和资源的确产生了良好的效果。REC 在服务效果和社会效果评估监测方面也一直不断完善，通过科学的数据向捐赠人和社会呈现自身工作的价值和社会影响。

丽莎给我们讲了一些他们的成功案例，多数的创业者是以非常微小的企业规模在运作，他们能够持续盈利。也有一些企业发展成为非常大的品牌，在市场中获得一席之地。

Three Twins ice cream（三个双胞胎冰淇淋店），布鲁明顿的印第安纳大学可能有售这个牌子的冰淇淋。它们是我们的顾客之一，现在是美国最大的有机冰淇淋生产商，也是我们的成功客户之一。

除了一些典型的个案故事，复兴创业中心也会开展更加系统的评估。

从复兴创业中心的调研中我们也再一次看到美国非营利部门实践与研究的联系非常紧密，实践中产生的数据都可以用于研究和监测评估。复兴创业中心自身就是阿斯彭研究所（Aspen Institute）的会员，为该研究机构输入自己服务的中小企业的数据，并且参与研究。这些研究反过来为实践服务，这样一种良性的互动关系共同推动了非营利部门的发展。

> 我们很早就加入了阿斯本研究所的研究项目。它连续 15 年研究小型企业家，我们从一开始就参与其中，我们跟踪各种各样的数据，跟踪我们的组织效率：例如我们筹款数额是多少、有多少客户、课程效果如何、贷款数额是多少。我们也评估客户的表现，客户在第一年参加我们的课程，然后在第二年开始创业，那么我们在第三年评估他们的业务表现。我们有一个随机研究，Aspen（阿斯彭学院）输入数据，并随机挑选采访样本，接着我们开展访谈。我们的调查访谈有 40 多个问题，像您是否创业了、是否雇用了员工、总收入是多少、业务是否扩大、有多少新客户等，我们也会有一些更主观的问题，比如说您的生活是否改变了。

复兴创业中心目前还没有经费开展专业的独立第三方评估，但是与一些大学的学院开展合作，让它们参与服务效果的评估，这也为大学生提供了实习的机会，让他们在实践中完成调查研究。

> 我们也有很多定量研究。它不是由一个独立的团队完成的，因为我们缺少资金来资助独立团队。我们聘请了来自旧金山州立大学创业学院和其他学院的学生，他们作为我们的实习生进行评估，他们也把这个调查作为他们的研究内容，这对于他们来说是非常有帮助的。他们与创业者交流创业经历，他们也喜欢我们的调查方式，我们和他们说到 Chililiando 调研，吃一根店里的香蕉，并和店主交谈。或者去某个咖啡馆，和 Pinky 见面，吃上一个卷饼，开始访谈。某种程度上，我们希望能有第三方来进行评估，但由于缺少资金，我们通常无法做到这点。

三　总结和思考

在与丽莎的谈话中，我们能够感受到她个人对这份工作的热爱以及复兴创业中心自身所具有的活力和不断创造、改变的精神。在帮助边缘人群、少数族裔妇女、刑满释放人员开创自己的事业，实现人生改变的过程中，复兴创业中心的员工们也获得了自身的价值感和满足感。复兴创业中心需要不断鼓励服务对象主动寻求改变、不断创新，而这创新和改变的精神也深深地嵌入其自身的组织文化之中。

正如复兴创业中心所倡导的价值观——经济机会，建设社区，创业者心态，创新，协作，诚信，拥抱多样性，他们的确在实践中不断地践行这些理念和价值。

我们热爱自己的工作，我们与客户的互动分享也是一个有趣的变化。如果你对改变不感兴趣，你就不想成为企业家。如果你不想改变，那么你也不想给企业家授课。我们在创业领域，而创业的本质就是开创、进入新领域，entrepreneurship（创业者）这个词也是不断变化的意思。所以我们一直秉持求新思变的价值观。我们的 CEO（首席执行官）是一个非常有想法、富有创造力的人。

但是，复兴创业中心在拥抱创新、不断改变的同时，也会注重完善组织的运营和管理体系，让有序的组织系统支持创新和改变。二者是相辅相成、相互促进的。

我是人力资源、运营和财务部的总经理，这些是我们机构的支持部门，我们需要步骤、程序、系统。如果你想作出改变，我们必须确认这些支持性的系统运行良好，这样我们才能有稳健的财务，才能得到新的资金。所以在这个方面，我们试图保持坚实稳定的基础。但是在这个基础之上，我们需要不断变革，不断成长。所以这是一个稳定和变化的组合。

正是这样的组织文化和完善的组织制度确保了复兴创业中心能够30多年来一直有序地运转，在旧金山这样一个充满创新、变革的城市为越来越多的小微企业创业者提供真正满足他们需要的服务。他们的经验也已经开始在世界各地获得认可和推广，他们接待过来自泰国、日本和中国香港的团队，这种模式的复制和推广也惠及更多的创业者，对经济公平起到了重要促进作用。

第四篇

公益慈善新模式 —————————

正如萨拉蒙（Salamon）教授所言，美国公益慈善界正在经历巨大的模式转型，新型的慈善模式已经出现。[1] 一些兼具社会和商业价值的机构不断涌现，新型的资助方式正在取代传统捐赠成为行业新风向，公益创投、为成功付费、社会影响力债券、影响力投资、项目相关投资、使命相关投资等新概念不断涌现，也迅速传入中国被广泛讨论和运用。

但是，我们在关注和学习美国最前沿的新型公益模式的时候，不能忽略美国强大、成熟的传统社会服务机构网络这一基础。从前面三篇的案例我们看到，数量众多、服务内容广泛的传统公益机构和密集高效、彼此支持的公益生态网络共同奠定了美国公益慈善的牢固根基。整个公益慈善行业就像一棵枝繁叶茂的大树，强大的根系深深嵌入社会环境的泥土之中，而也正是由于这一强大根基的支撑，美国的公益组织也才有更多创新的动力，它们不断探索最前沿的公益慈善模式，用新型的手法去解决社会问题。

我国的公益慈善行业还处于发展阶段，远远未形成成熟的服务体系和网络，所以在学习西方前沿理念和实践时需要与我们自身的客观条件进行结合，不可盲目跟风。当然，中国的经济、社会发展均具有后发优势，我们要做的是深入剖析和理解美国公益慈善的发展脉络和内在逻辑，汲取其有益的经验为我们所用，以推动我国公益慈善的快速、高效发展。

美国是一个从不缺乏创新的国度，但任何创新都不是凭空产生的，在美国慈善模式创新的过程中，多元力量共同参与，社会创新不仅仅是指非营利组织用新的方法解决问题，也扩展到社会创业者、影响力投资人、那些使命导向的公司和具有社会责任的企业。政府、NPO、基金会、学者、慈

---

① Lester M. Salamon, *Leverage for Good: An Introduction to the New Frontiers of Philanthropy and Social Investment*, Oxford University Press, 2014.

善家、商业精英等各个行业的人共同去推动点滴微小的改变，用智慧和勇气推动社会问题的解决，突破现有体制的束缚，探索新型的公益慈善模式的运作机制。

本篇内容我们将主要介绍美国公益慈善前沿地带正在发生的变革，主要围绕"公益创投"这一概念展开介绍。我们认为美国公益慈善新模式的核心是公益资助方式的转型，即从传统的"筹款－捐赠"向"公益创投"转变，从关注"社会效益"向兼具"社会效益和商业效益"转变，从政府和社会部门主导向政府、社会、商业三个部门合作转变。

我们将会分别对政府、基金会、商业资本三个主体正在实践的新型公益资助方式进行简单介绍，包括政府推动的新型公私合作模式、基金会开展的公益创投和使命相关投资，以及商业机构进行的影响力投资等。我们希望通过介绍这些不同主体的新型公益慈善模式，共同去探索和思考未来公益慈善的新格局、新内涵。

公益创投：新型资助方式的兴起与发展

"公益创投"（Venture Philanthropy，VP）是美国公益慈善新模式的核心理念，这一新兴的公益资助理念正在被越来越多的政府、基金会和投资人所接受和采用。本文主要介绍和分享美国公益创投的主要方式和经验，并对中国本土的公益创投实践提出建议与思考。

一　公益创投概念界定

现代形式的公益创投兴起于美国的 20 世纪 90 年代中期，后来扩展到欧洲。[①] 20 世纪末，美国的慈善家们发现，尽管他们已经捐赠了上万亿美元给公益组织，然而，主要的社会问题依然鲜有得到有效解决。随着传统基金会的捐赠方式的效率和效果日益受到质疑，一些基金会和慈善家开始探索新的、更加有效的公益资助方式，公益创投就是其中一种。

公益创投到目前并没有一个明确的定义和模式，它只是一种公益资助理念的总称。公益创投的主体可以是政府、基金会、商业金融机构（私募基金、信托机构、银行）、天使投资人中的任意一种或几种。其核心特征是将经济领域中"风险投资"理念应用到公益领域，以"投资"思维全面支持基于社会目的的组织的能力发展，提升其社会影响力的新型公益资助方式。

与传统公益资助方式相比，公益创投更加倾向于拥抱风险，鼓励社会

[①] 关于公益创投的起源有多种说法，本文采用最为广泛接受的说法，即学者 Christine W. Letts、William Dyer 和 Allen Grossman 在《哈佛商业评论》上发表的文章《有良知的资本：基金会可以向风险投资借鉴什么》（Virtuous Capital：What Foundations Can Learn From Venture Capital）。

组织探索解决社会问题的新方法，致力于同时追求社会效益和商业效益；公益创投鼓励私人资本、商业资本进入社会领域共同解决社会问题；受商业投资理念的影响，公益创投更加注重对效果的评估，注重社会影响力；除了资金支持，公益创投更加倾向于陪伴式和参与式的资助，注重对受助机构进行能力建设等。

二　美国公益创投的主要形式

公益创投作为一种新型资助方式的总称，其具体的实践形式多种多样，本文根据实施公益创投的主体不同将其中一些具体形式做简要的介绍，包括影响力投资、为成功付费（社会影响力债券）和项目相关投资、使命相关投资等。①

1. 影响力投资

所谓影响力投资，是指"引导资本投入那些在意图实现经济回报的同时产生社会效益的机构。这些机构可以公开追踪并测量社会、环境和治理情况，而不仅仅是财务回报"。②

从社会科学角度讲，市场和政府失灵为非营利机构的出现和发展提供了空间和理论依据。非营利机构通过志愿服务和政府购买服务等方式为社会问题的解决作出积极贡献。然而，随着社会问题不断复杂和环境进一步恶化，非营利机构的局限性愈加明显，对资源的严重依赖注定它们通常只能开展区域性和相对非专业化的活动，其持续发展在一定程度上受制于宏观经济状况。于是人们又将目光放到市场，确切地说，是投资领域，希望那些管理和拥有大量财富的机构和个人将资金投入既可以赚钱又能改善社会和环境的企业中去。简而言之，这种投资在实现回报率的同时，又能对社会和环境产生正面且可以测量的影响，即"影响力投资"。③

---

① 项目相关投资和使命相关投资都属于影响力投资，但以基金会为主体的影响力投资主要包括这两个具体工具。

② https://en. wikipedia. org/wiki/Office_ of_ Social_ Innovation_ and_ Civic_ Participation#Impact_ Investing.

③ 王群：《影响力投资：社会和环境改善的推动力》，《善与志观点》2015 年第 6 期。

资本的特性之一就是逃避风险，所以，多数投资人都愿意投资那些风险较小、具有较高的经济回报和利润率的行业。而市场中的创新者往往为获得必需的资本和人力资源的支持苦苦挣扎。事实上，市场创新者和一个行业的基础设施建设者才是最需要被投资和支持的角色。[①]

目前在美国已经出现了一批致力于开展影响力投资的机构，例如奥米迪亚网络（Omidyary Network）、聪明人基金（Acumen Fund）、灰色幽灵（Gray Ghost）等。开展影响力投资不仅需要敏锐的市场洞察力和商业判断，也需要一种愿意帮助初创企业、社会创新企业不断提升能力和进行团队建设的承诺。虽然美国的影响力投资正在快速发展，但是现实的情况是目前对社会市场中的创新者和基础设施建设者的投资依然是杯水车薪。商业投资人、基金会、地区发展促进机构、个人等都有巨大的潜力为促进行业发展发挥作用。但是，这需要投资人具有一定的投资技能和策略，需要知道资本应该如何发挥作用，在什么情况下进行恰到好处的资助。

2. 使命相关投资和项目相关投资

基金会是公益创投的另一个重要主体，美国基金会正在经历从传统资助向公益创投模式的转变，其重要的工具是使命相关投资和项目相关投资。

（1）使命相关投资

使命相关投资（Mission Related Investment，MRI）指基金会使用投资工具实现自身使命和愿景的方式。基金会的使命相关投资一方面可以实现自身使命和价值，另一方面也可以获得财务回报。根据获得财务回报的程度又可以将使命相关投资分为两种：符合市场回报水平的使命相关投资和低于市场回报水平的使命相关投资。

使命相关投资的范围很广，我们可以简单介绍几种具体的投资案例。[②]

① 基金会与当地银行合作设立贫困学生低息助学贷款项目，这种方式与一次性的奖学金相比可以用有限的资金帮助更多学生。

---

① Omidyar Network，Priming the Pump：The Case for a Sector Based Approach to Impact Investing，2002.

② Sarah Cooch & Mark Kramer，*Compounding Impact：Mission Investing by US Foundations*，FSG Social Impact Advisors，2007.

② 关注环保的基金会投资环保类清洁能源创业公司，为其早期发展提供资金支持。

③ 基金会在一个社区发展银行进行存款，而这些存款将会被银行用于为促进当地经济发展和创造就业的机构提供低息贷款，银行会付给基金会1.5% 的利息。

（2）项目相关投资

项目相关投资（Program Related Investment, PRI）是使命相关投资的一种，主要是指低于市场回报水平的使命相关投资。在项目相关投资中，基金会与传统资助一样为一些处理社会和环境议题的 NPO 或者商业机构提供资金支持；但是与传统的捐赠不同的是基金会在进行项目相关投资的同时也可以获得投资回报。面对日益复杂的社会和经济问题，项目相关投资比传统捐赠资金效率更高，帮助基金会和其他慈善机构使用更加多元和丰富的方式开展工作，以更好地满足个人和社区需求。

美国 1969 年的税收改革法案（The Tax Reform Act of 1969）要求基金会必须每年支出不少于其总资产的 5% 用于公益慈善目的，该法案也规定基金会可以进行项目相关投资，即项目相关投资支出可以计入 5% 的支出之中。虽然法律允许基金会开展项目相关投资，然而项目相关投资并没有被非营利领域广泛采用，部分原因是过时的法律为基金会制造了较高的交易成本。2012 年，财政部门调整了法律条款，通过出台一系列的具体案例说明，详细解释基金会可以如何使用项目相关投资，例如贷款、贷款担保、债券、存款甚至股权投资等方式都是被法律允许的。美国政府也一直致力于让基金会更简便地使用项目相关投资，以便用更加灵活的方式帮助公益组织筹集和分配资金。

3. 为成功付费（社会影响力债券）

为成功付费（Pay for Success, PFS）是社会创新的另一重要举措，它是一种注重社会服务效果的理念和实践的总称，主要是指以政府为主体对社会服务项目的资助方式。在实践中主要形式是社会影响力债券（Social Impact Bonds, SIBs）。

社会影响力债券起源于英国，旨在通过向私人投资者融资以达到预期社会效果。根据英国社会金融（Social Finance UK）的定义，社会影响力债券"是一种基于绩效表现的资助社会服务项目的公私合作关系"。为成功付费和社会影响力债券将焦点放在为社会效果付酬以及如何以最低的成本达到社会效果，以此提升解决社会问题的效率、创新性与影响力。①社会影响力债券是一种重要的创新形式，对增加总体的社会价值具有较明显的潜力。

人们之所以对这一工具充满热情主要基于对社会影响力债券的三个主要观念：第一，对政府来说这是一种"免费"检验社会干预项目的价值的方式；第二，对优秀的非营利组织来说，社会影响力债券是其获得规模化资本投入的一种替代方式；第三，对于影响力投资人来说，社会影响力债券是一种既可以创造社会价值又可以获得金钱回报的绝佳方式。

根据最新的数据统计，目前全球共有 15 个国家开展了超过 60 个社会影响力债券项目，通过社会影响力债券投入资金规模超过 2 亿美元。美国目前共有 10 个 SIBs 项目在实施和开展。②

美国白宫社会创新与公民参与办公室（Office of Social Innovation and Civic Participation，SICP）在 2011 年将 PFS 纳入 2012 年度的财政优先计划，并且发起了一系列的活动去推动各个州、县的法律制定者了解和开展社会影响力债券项目，向他们介绍 PFS 的巨大潜力和机会。此外，白宫也主持举办了大量的工作坊，开展小组讨论和其他活动关注 PFS。

美国第一个社会影响力债券项目启动于 2013 年 1 月，项目的目标是降低青少年的再犯罪率，项目预计筹集 960 万美元资金，共覆盖了 4458 名青少年。项目的投资人为高盛集团，具体的执行机构为奥斯本协会（The Osborne Association）和岛之友学会（Friends of Island Academy），中介机构为人力示范研究公司（Manpower Demonstration Research Corporation）。然而，根据独立的评估机构维拉司法研究所（Vera Institute of Justice）的评估，最终项目没能够达到青少年再犯罪率降低 10% 的目标，因此，纽约市政府并

---

① 转引自马玉洁《公共财政支持 NPO 的新视角：社会影响力债券介绍与分析》，《中国非营利评论》第 13 卷。

② 资料来源：https://en. wikipedia. org/wiki/Social_impact_bond。

未向高盛集团付款。①

美国白宫社会创新与公民参与办公室在 2014 财政年度向财政部门提出一个重要的计划：设立一个 3 亿美元的 PFS 激励基金。这一基金旨在帮助州和地方政府与商业伙伴合作实施"为成功付费"项目。该基金将帮助那些寻求 PFS 项目的组织提升信用，并且为成功的项目提供直接的资金支持。②

美国劳动部在 2013 年 9 月宣布了两个共计近 2400 万美元的项目：一个是纽约劳动部门的总计 1200 万美元的项目，另一个是马萨诸塞州劳工办公室的总计 1167 万美元的项目。这些资助将会支持那些旨在帮助刑满释放人员提升就业率和减少再犯罪的项目。③

美国教育部于 2016 年 11 月 10 日宣布要通过实施"为成功付费"的战略来推动和支持教育公平和教育改革，主要支持边缘青少年群体就业和技能培训项目（Career and Technical Education，CTE）和早期双语教育项目。这标志着 PFS 模式在美国教育领域也开始受到认可，成为一种重要的推动教育改革和教育公平的工具。④

目前，美国各级政府已经在很多领域开始使用 PFS 的方式提升解决社会问题的效率，包括母婴健康、早教、家庭稳定、无家可归者项目和刑事审判等诸多领域。这一方式并不仅仅是政府资助的补充，而是一种具有巨大潜力的公私合作模式，该模式将会在提升公共投资的效果方面产生长远的积极影响。

三　美国公益创投的主要特色⑤

1. 拥抱社会投资风险，鼓励社会创新

美国公益创投一个非常明显的特色是，对风险更加开放和包容，以及

---

① 资料来源：https://en. wikipedia. org/wiki/Social_impact_bond#cite_note-nybond-46。

② 资料来源：https://www. federalregister. gov/documents/2013/10/02/2013 - 24078/strategies-to-accelerate-the-testing-and-adoption-of-pay-for-success-pfs-financing-models。

③ 资料来源：https://www. dol. gov/newsroom/releases/eta/eta20131936。

④ 资料来源：http://www. ed. gov/news/press-releases/us-department-education-issues-first-ever-pay-success-awards-expand-opportunity-career-and-technical-education-dual-language-programs。

⑤ 该部分主要内容出自朱照南、马季《公益创投的美国经验》，《中国社会组织》2016 年第 2 期。

对社会创新予以大力支持。美国公益创投的兴起与互联网科技公司的发展密切相关，很多公益创投机构和社会创新机构大多集中在旧金山一带的湾区（即我们所熟知的硅谷），它们深受硅谷创新文化的影响。例如，"编程美国"（Code for America）最初成立时就受到一些非常有理念的公益创投机构和慈善家的资助。他们的企业甚至是自身的成长都得益于硅谷的发展，所以他们更能理解社区服务和环境的重要性，也更愿意将他们的财富反哺给社区，这是一个良性循环。硅谷开放创新的文化，不仅对商业创新的回报风险非常包容，而且对社会创新的回报风险同样包容。这种氛围下的公益创投机构相比其他国家和地区的同类机构而言，更加愿意和能够去投资更具有社会创新潜力的组织。

2. 成长式资助理念和参与式资助方式

在传统的慈善捐赠中，基金会或资助人与被资助机构之间的关系类似于一种"购买服务"的关系，资助方掌握资金如何使用的决定权，自认为掌握解决社会问题的方案，只需要找到机构去执行方案即可，这反映出资本在社会领域的"傲慢"。因此，在传统的资助理念下，公益资助多数是短期的项目制，更看重项目的完成情况而并不关注受助组织能力的可持续发展。公益创投的资助理念则是支持不同的社会创新者去探索和实践多种可能的路径，致力于帮助社会组织的能力得到有效提升，以不断提供更好的社会问题解决方案。公益创投运用参与式合作伙伴的模式支持受资助组织，除了资金支持，还会引入非财务的资源，如管理和人力等专业支持，它不是短期捐赠，而是多年的"耐心资本"。

硅谷社会创投基金（Silicon Valley Social Venture Fund, SV2）是美国一家非常具有活力的、践行参与式资助的公益创投机构。硅谷社会创投基金包括超过200个合作伙伴共同致力于支持具有潜力的社会创新组织，涉及的领域包括教育、健康、环境保护和国际发展等。它们并不只是单纯地支持组织的项目，而是更多地投资组织的架构和运营发展，获得资助的组织不仅得到资金支持，还可以提升组织能力和扩大服务的规模。例如，阅读伙伴（Reading Partners）最初只是东门洛帕克公园的一个草根辅导小组，但是硅谷社会创投基金发现了该组织的巨大发展潜力，于是给予其一个3年的资助，并且一些硅谷社会创投基金的合伙人加入阅读伙伴的理事会，帮助其制定和执行更具挑战性的战略规划。今天，阅读伙伴已经是一个全国知名的课后辅导项目，在加州、华盛顿和纽约的 60 个项目点服务了超过 3000 名学生，并且最终获得了来自联邦政府社会创新基金（Federal Social Innovation Fund）的 700 万美元资助。

从硅谷社会创投基金的案例中我们发现，公益创投机构不断发现一些具有潜力的解决社会问题和提供社会服务的创新模式，然后对这些模式提供组织化的、参与式的支持，资助方不再高高在上，而是和受资助组织一起成长，在提升组织能力的基础上，达到社会效益最大化。

3. 支持行业创新者和基础设施建设

除了强调对单个受助组织的能力建设外，公益创投更加注重系统性地解决社会问题，即资助行业生态系统的形成和发展。与商业投资不同，公益创投并不强调财务回报，而更加注重长远的社会价值。我们看到美国一些公益创投机构发现了这一现实困境，它们愿意为初创的社会创新企业提供非常关键的种子资金，帮助初创企业获得启动资金，填补资本供给与需求之间的真空地带，也为商业资本的后期参与降低了投资风险。

国际校园之桥（Bridge International Academies，BIA）是一个旨在为肯尼亚贫困学生提供低价格、高质量教育服务的创新机构。它使用"校园盒子"这一模式，通过把高质量的教学内容标准化，使其易于复制和传播，为很多教育资源不足的贫困地区提供服务。这是一种非常具有创新性的业务模式，创设之初整个行业的市场风险很高，投资的经济回报不明显，而 Omidyar Network 等投资人具有公益创投的理念，更多的是关注其公益目的和其对未来整个行业发展的创新价值，并不期望该模式能够在短期内有较高的利润回报。正是由于这样公益性的支持，国际校园之桥在发展初期获得了非常关键的资金和资源，而几年之后，它将该模式复制到了 82 个学校，市场风险也被极大地降低，其经济效益逐渐吸引了很多社会影响力投资和主流商业投资的加入。可以说，公益创投是激发和推动社会创新的重要力量。①

---

① Omidyar Network，Priming the Pump：The Case for a Sector Based Approach to Impact Investing，2012.

公益创投机构既投资营利性企业也投资非营利组织，它们并不区分组织的性质，而是更加看重组织潜在的创新能力、规模效应和可持续发展的能力。正是通过对这些创新型社会组织的支持，公益创投弥合了营利与非营利的边界，支持一些早期缺乏资本的社会创新机构，待其发展壮大和盈利明显之后再由更多商业资本接盘。公益创投为推动和建立行业生态体系，产生更大的社会价值，发挥了重要的作用。

4. 注重社会影响力的评估

公益创投这一理念对美国整个非营利领域的绩效评估产生了巨大的影响。虽然我们前文提到硅谷的创新文化拥抱风险，即使社会绩效和社会影响难以衡量，公益创投机构也愿意支持具有创新潜力的组织，但这与"有效公益"的理念并不冲突。虽然社会价值、社会影响力难以测量，但是公益创投机构努力推动更加准确地评估社会影响和社会回报，一些国际领先的高校和科研机构，例如杜克、哈佛、麻省理工、牛津、斯坦福和沃顿等做了大量相关研究。

目前，普及较广的社会影响力评估工具包括由 SROI Network 开发的社会投资回报（Social Return on Investment，SROI）测量方法和由全球影响力投资网络（Global Impact Investing Network，GIIN）开发的影响力报告和投资标准（Impact Reporting and Investment Standards，IRIS）。

SROI 是一种基于原则导向的、可持续地了解和管理组织的影响力的方法。具体来说，SROI 主要通过识别项目的主要利益相关方，并且询问其认为哪些成果最重要，基于这些认知形成关于成果测量的指标，并根据这些指标来测量组织项目产生的影响。SROI 的目标是计算组织产生的社会、环境和经济价值。

IRIS 是一套供组织报告和测量项目产生的社会、环境绩效的指标体系。该指标体系包括跨领域（cross-sector）指标和特定领域（sector-specific）指标（包括教育、健康、环境等 10 个子领域）。指标体系主要关注组织的运营绩效、财务绩效和产品影响力等几个方面。组织可以从这一指标体系中选择适合自己的指标对社会影响力进行测量。IRIS 为各个行业和领域的组织提供了统一的测量标准，增强了社会影响力的可比性和一致性。

随着捐赠人、基金会越来越注重基于组织的社会成果进行资助和捐赠，一大批旨在帮助非营利组织提升专业性和组织绩效的咨询组织也应运而生。例如布利吉斯潘集团（The Bridgespan Group），就是一家关注如何提升资助人和非营利组织绩效的公益咨询机构。该机构成立于 1999 年，创始人为哈佛商学院的教授杰夫·布劳达奇（Jeff Bradach）和贝恩咨询公司的前首席执行官汤姆·蒂尔尼（Tom Tierney）。其他类似的非营利咨询机构也在同一时期竞相成立，如有效公益中心（Center for Effective Philanthropy）和基金会战略集团（Foundation Strategy Group）等。甚至一些大型的商业咨询公司，也开始为非营利组织提供一些特定的咨询服务，例如波士顿咨询、贝恩咨询和麦肯锡等公司。[①]

四　对中国的启发和借鉴

当然，也有学者和基金会人员对公益创投提出质疑，认为该方式可能会导致资助人过于追逐"商业模式"而忽视对无付费能力的弱势群体的服务；"竞争投资"可能会威胁组织之间的合作关系和网络；过于强调服务而忽视公益组织的社会倡导功能，不利于公民社会的发展；导致组织理事会构成更追逐资本而忽视了社区成员等。尽管面临这些质疑，公益创投过去十几年仍然在美国迅速发展，并对整个公益慈善领域带来较大冲击。

中国公益领域近几年也开始引入这一概念，一些地方政府、基金会、投资人也开始践行这一理念。我们在学习和借鉴美国公益创投经验的同时，需要结合本土公益实践和社会环境，才能有效促进本土的社会组织发展，推动社会创新。

首先，中国公益创投应该更加注重对社会组织能力的建设。相对于美国成熟和发达的非营利部门，中国社会组织的数量有限，能力也普遍不足。因此，在中国应用公益创投更需要关注对草根社会组织的支持和培育。对于一些初创组织不适宜进行刻板、严苛的绩效评估，而应鼓励其创新，耐

---

① Grossman, A., Appleby, S., & Reimers, C., *Venture Philanthropy: Its Evolution and Its Future*, Harvard Business School, 2013.

心培育组织能力。基于社区的"微创投"不失为一种很好的激发社区社会组织活力的方式。

其次，要充分发挥公益创投在推动社会创新和社会前沿领域中的重要作用。因业务模式的不确定性较高，社会创新和前沿领域的工作并不受商业资本青睐，但这些工作对新的行业生态的形成至关重要，"编程美国"和国际校园之桥的案例生动地说明了这一点。在中国，也已经开始出现一些与 CfA 类似的创新机构，如社会企业英明泰思公司（Intetix）旨在通过利用数据科学改善生活和社会环境，但这样的创新型组织的发展仍步履维艰。

再次，中国的政府、基金会等资助机构自身需要转变资助理念，提升资助能力。当前我国政府和基金会对社会组织的资助，倾向于短期的项目支持或购买服务，且资助方与受资助的社会组织之间的关系不够平等。如果采用公益创投的理念，资助机构应当为社会组织提供更加长期的资助，与受资助组织建立合作伙伴关系而不是"伙计"关系，能够为社会组织提供除资金外的其他资源，这也对资助机构的能力提出了较高要求。

最后，要平衡"公益绩效"和"公益创新"。随着"有效公益"的理念不断传播，基金会和政府也开始注重评估公益资助的"绩效"，然而很多评估主要还是基于服务数量和资金规模，这可能会导致社会组织盲目追求规模而忽视了真正的服务质量和创新。因此，国内研究和评估咨询机构在评价资助效果时，需要平衡"公益绩效"和"公益创新"，让公益创投的理念更有包容性。

美国政府推动公益创投的实践

在美国，政府是推动公益创投和社会创新的重要力量。美国历来有重视创新的传统，不仅在商业领域，在社会领域也开始探索用更加具有创新性和有效的方式解决社会问题，提供社会服务。为此，美国政府设立了专门的政府机构——美国白宫社会创新与公民参与办公室（Office of Social Innovation and Civic Participation, SICP），也出台了很多相应的政策鼓励社会创新，鼓励基金会、社会私人机构、私人资本进入社会领域，共同推动社会问题的解决和社会发展。

一 美国白宫社会创新与公民参与办公室的设立与主要工作

美国白宫社会创新与公民参与办公室是奥巴马执政期间于 2009 年成立的一个新部门，其成立的目的是鼓励政府采用创造性的方式推进国内政策的实施。社会创新与公民参与办公室的使命是支持社会部门，包括非营利组织、基金会和社会创业家，非政府组织，使命导向的企业和跨国开发银行。美国白宫社会创新与公民参与办公室通过利用人力资本和金融资本促进社会创新，主要通过在两个方面努力释放社会创新的潜力：释放人力资本和释放金融资本。

长期以来，公共资金直接支持的社会机构和社会服务项目产生的社会影响非常有限。非营利组织发现获得短期的项目启动资金比较容易，但是难以获得长期的资本可持续运营，以扩大其具有明显社会效果的成功项目。因此，这一新成立的办公室就旨在将公共资源引入那些运作良好并且对解决社会问题有明显效果和有较大社会影响的项目，并且将"政府资金作为催化剂帮助非营利组织从基金会、商业机构和个人捐赠人那里获得可持续的资金"。

美国白宫社会创新与公民参与办公室的设想由来已久，并不是完全凭空建立的一个新部门基础上，而是建立在原来的政府部门基础之上。奥巴马－拜登交接计划就设想在国家和社区服务公司（Corporation for National and Community Service，CNCS）内部设立一个机构专门致力于提升非营利部门的能力和社会效果，并且希望通过联邦资金撬动私人部门的支持以提升地方创新能力，扩大成功项目的社会影响。

这一设想是基于美国非营利部门发展的历史和现实环境。在美国，非营利组织在整个国民经济中占有重要地位，但是非营利组织普遍面临资金短缺的困境。近年来，美国非营利组织的捐赠收入呈下降趋势，其通过传统的捐赠获得运营资本变得越来越困难。根据美国法律，非营利组织又无法获得小企业局（Small Business Authority，SBA）的贷款或者其他一些为中小企业设计的商业信贷产品的支持。这就迫使非营利组织需要拓宽新的筹资渠道。

与此同时，社会部门已经发生了改变，规模化、市场导向的社会变革模型在近些年开始出现并逐渐成为趋势。例如，社会企业探索收费策略，使命导向的商业公司追求实现双重底线，影响力投资人寻求获得经济回报的同时兼顾社会效益，以及跨国公司寻求企业社会责任模式等。

正是在这样的社会、经济背景下，美国政府设立美国白宫社会创新与公民参与办公室致力于推动政府部门、非营利部门和商业部门的合作创新，为非营利部门拓宽筹资渠道，也为商业部门同时实现商业价值和社会效益寻求可行路径，最终实现社会问题的解决和社会不断创新进步。

二 政府设立社会创新基金

美国白宫社会创新与公民参与办公室开发了一系列新型的工具，将公共资金与私人资金结合，撬动和吸引更多资金合力解决社会问题，包括设立社会创新基金、推动社会影响力债券的实施、推动影响力投资等。[①]

---

① SICP 组织召开了很多大型会议推广和讨论影响力投资，包括与 Aspen Institute 合作举办的关于影响力经济的白宫论坛。SICP 启动了全国影响力创新（National Impact Initiative），致力于推动联邦政府完善有关影响力投资的政策。

2009 年，奥巴马总统签署了《爱德华·M. 肯尼迪服务美国法案》（Edward M. Kennedy Serve America Act），并且创立了社会创新基金（SIF）①，该基金设立在国家和社区服务公司之下。

社会创新基金的运作模式是将资金给予一些有经验的筹资机构或者"中介组织"，包括公益创投机构、社区发展金融机构、社区基金会等。这些机构必须能够很好地嵌入社区并且对当地社区的组织非常了解，政府通过这些中介组织识别出较好的社区服务组织给予资金支持，并且中介组织还需要扮演支持者和陪伴者的角色，指导社区服务组织如何扩大自身项目的社会影响力。

社会创新基金规定中介组织必须按照 3:1 的比例配比政府资金，以提升政府资金的效力。中介机构将政府资金和配比资金汇集起来共同管理，为其筛选出的具有潜力的社区服务组织提供资金、技术和其他资源支持。目前社会创新基金主要投入三个领域：经济机会、健康未来和青少年发展。

可以说社会创新基金是一种新型公私合作方式，政府不再直接购买非营利组织的服务，而是撬动私人资本注入社会领域共同解决社会问题。社会创新基金的核心理念是注重提升项目产出的可测量性，坚持以效果为导向，公私合作共同支持那些具有更大潜力、产生良好社会效果的非营利组织。

在头三年中，社会创新基金为 20 家中介机构提供了 1.37 亿美元，这些机构在 37 个州和哥伦比亚特区选择了 221 家非营利组织进行资助，包括一些比较著名的组织大学咨询团（College Advising Corps）、蝶蛹（Chrysalis）、哈林儿童空间（Harlem Children's Zone）和一年焕新（Year Up）等。2014 年，联邦预算提高了社会创新基金的资金，从每年资助 4500 万美元提高到每年 7000 万美元，这也表明了政府对这种公私合作方式的信心和期待。②

---

① 资料来源：https://www.whitehouse.gov/administration/eop/sicp/initiatives/social-innovation-fund。

② 资料来源：https://en.wikipedia.org/wiki/Office_of_Social_Innovation_and_Civic_Participation #Pay_For_Success。

三　公益创投：以教育创新为例[①]

美国目前在教育创新领域已经开展了大量的公私合作、公益创投的探索。美国12家基金会承诺出资5亿美元配比国家教育部的6.5亿美元"投资创新基金"（Investing in Innovation，I3）共同推动教育领域创新。这些资金主要用于帮助那些具有前景的教育创新项目扩大规模。这些项目可能涉及对教师的支持、对教育管理者的协助、教育技术工具的应用以及涉及所有K12学校（公共学校、私立学校、特许学校等）的设计。

要投资那些能够推动教育部门可持续的、长期的创新方式。这些方式包括帮助教师改进教学方法的培训、鼓励应用新技术去开展教学、提升学校教育质量以及创造新型学校模式等。但是，所有参与的12家基金会可以自主选择希望资助的项目。项目的申请面向所有非营利组织、州和地方教育机构、传统的公立学校和特许学校开放。

长期以来，基金会一直是社会创新领域的探索与实践的唯一投资方，教育部目前要介入这些领域，并且投入6.5亿美元给予资助，这样基金会就可以通过它们的5亿美元撬动政府的6.5亿美元资金。这种政府与基金会历史性的合作方式将会推动教育领域的创新。

12家参与的基金会包括：安妮·E. 凯西基金会（The Annie E. Casey Foundation）、比尔和梅琳达·盖茨基金会（Bill & Melinda Gates Foundation）、纽约卡内基公司（Carnegie Corporation of New York）、查尔斯·斯图尔特·莫特基金会（Charles Stewart Mott Foundation）、福特基金会（Ford Foundation）、约翰和凯瑟琳·麦克阿瑟基金会（John D. & Catherine T. MacArthur Foundation）、卢米纳教育基金会（Lumina Foundation for Education）、罗伯逊基金会（Robertson Foundation）、华莱士基金会（The Wallace

---

① 资料来源：http://www.gatesfoundation.org/Media-Center/Press-Releases/2010/04/12-Foundations-Commit-to-Education-Innovation-with-US-Department-of-Education。

Foundation）、沃尔顿家族基金会（The Walton Family Foundation）、威廉和弗洛拉·休利特基金会（The William & Flora Hewlett Foundation）、凯洛格基金会（W. K. Kellogg Foundation）。

12家基金会共同开通了在线申请平台 http://foundationregistryi3.org，这个平台可以简化申请者的申请程序，也为那些新的、小型的申请机构提供渠道。这一平台的目的是提升基金会筛选鉴别可能的投资机会的能力，并且能够更好地与教育部的I3基金会对接合作。所有的申请者只需要注册一次和提交一次申请就能够获得12个基金会的审核机会，每个基金会再自主决定哪些项目符合其投资战略。"Registry I3是一个利用技术促进公益合作的新方法，可以提高申请效率和效果，将会为整个领域带来巨大的影响力。"

基金会都意识到这种公私合作的方式可以极大地扩大一些之前由基金会资助的项目的影响力，尤其是那些高需求领域的项目。目前基金会的5亿美元主要关注三个领域。

1. 教室教学创新基金（2.33亿美元）

该基金主要是资助那些能够有效地培训教师和学校领导者的项目、提升使用数据进行专业评价的专业发展能力、使用更高标准的项目、提升早教产出的项目、支持高校进入和成功的项目、提升STEM教育的项目、支持残疾人学习和英语学习的项目以及提升数字化学习模式的项目等。

2. 学校模式创新基金（1.78亿美元）

该基金主要是资助那些能够有效提升学校教学质量的实践和项目，为高质量学校包括特许学校或其他替代学校提供支持，以及支持数字化学习等。

3. 可持续创新基金（9506万美元）

该基金主要确保教育创新具有可持续的社会影响，并且逐渐成为广泛的教育的一部分。基金主要支持科学研究和教育创新项目的评估，提升创新部门所需的能力。基金也会支持那些可以跨区域共享领域内信息的平台建设。

此外，除了配比I3基金，很多基金会也帮助提升申请机构的能力以更好地获得政府的I3基金。因为意识到很多申请者在申请资金时面临的挑战，基金会帮助他们开发一系列的工具为他们提供技术支持,同时也帮助申请者更好地符合私人基金会的要求。

基金会与政府部门的合作共同关注教育领域的创新,这 12 家基金会相信这些创新项目能够提升学生的学习效率和促进教育的改革。

四 思考与总结

通过以上分析我们发现美国政府在推动公益创投方面做出了非常重要的努力和探索,也取得了重要成绩。美国历来有公私合作的传统,而新型合作模式的出现使政府、市场、社会三个部门之间的联系更加紧密,也实现了三个部门的资源优势互补和优化配置,共同推动社会问题的解决和社会创新的开展。

我国现在从中央到地方也在大力开展政府购买服务,尤其是在社会服务领域的投入力度越来越大。但是我国的政府购买服务在具体实践中依然存在诸多问题,包括社会组织的独立性不强,政府与社会组织之间的关系不平等,以及政府购买服务合同管理中的监管问题等。其实,我们可以借鉴美国政府的探索,更多引入基金会或专业的第三方中介组织来共同管理政府购买服务项目,同时吸引商业资本参与社会服务提供,实现三个部门之间的合力,最终在社会服务领域实现跨越式发展。

基金会公益创投模式的探索与挑战 [*]

一　基金会的传统资助方式及其不足

20 世纪 60 年代到 70 年代，美国现代公益模式逐渐成熟，大批基金会建立并形成较为统一的行动模式：致力于寻找那些能够更好地解决贫困和弱势群体问题的有效方式，并对其进行资助。

在这种模式下，大多数基金会对自身的定位是"发现者"和"倡导者"。基金会寻找并资助那些具有实验性、创新性的社会服务模式，而一旦证明服务模式有效就进行政策倡导，由政府来对其进行大规模推广。很少有基金会思考如何通过自身的力量让这些好项目直接实现规模化，去覆盖更多的服务人群，最终实现社会问题的解决，即基金会可以作为公益领域的"投资者"，帮助具有潜力的创变组织不断成长，实现大规模的、高效的、可持续运营。

几十年来，基金会主要是通过资助项目的方式开展工作，据统计，2009 年美国全国性基金会中超过 80% 的公益支出用于限定性项目或支持某一个特定项目，平均每个项目的持续时间不超过 3 年。[①] 20 世纪末，美国一些基金会开始逐渐意识到传统的资助方式无法完全有效地解决社会问题，公益行动要产生真正的社会效果和大规模的社会影响需要进行模式转变。

---

[*]　原文《从传统资助到公益创投：基金会行动模式的转型与挑战》刊发于《中国社会组织》2017 年第 2 期。

[①]　Allen Grossman & Aldo Sesia, *Edna McConnell Clark Foundation-Enabling a Performance Driven Philanthropic Capital Market*, Harvard Business School, 2011.

二 公益创投方式的兴起及其特点

随着传统基金会的捐赠方式的效率和效果日益受到质疑，一些基金会和慈善家开始探索新的、更加有效的公益资助方式，公益创投就是其中一种。现代形式的公益创投兴起于美国的 20 世纪 90 年代中期，后来扩展到欧洲。

公益创投（Venture Philanthropy，VP）是一种将经济领域中"风险投资"理念应用到公益领域，以"投资"思维全面支持社会组织的能力发展，提升其社会影响力的新型公益资助方式。与传统公益资助方式相比，公益创投更加倾向于拥抱风险，鼓励社会组织探索解决社会问题的新方法；除了资金支持，公益创投更加倾向于陪伴式和参与式的资助，注重对受助机构进行能力建设；公益创投提倡系统性解决问题，不仅关注单个社会组织，而且着力促进行业发展和跨界合作；受商业投资理念的影响，公益创投更加注重评估资助的效果，即有效公益。[①]

公益创投并不是完全改变基金会原来的使命，而是改变一种实现使命的运作模式。在公益创投的模式下，基金会意识到小而美的机构并不能从根本上解决社会问题，而实现规模化和组织可持续发展才是重要的方向。基金会不再认为影响政府部门去推广有效的公益模式是唯一的路径，它们意识到基金会也可以推动建立强大和可持续发展的公益组织，这些组织可以直接影响成千上万受助对象的生活。

很多基金会开始转变资助方式，从资助项目开始转向资助组织，即支持那些能够证明其自身工作社会效果的优秀机构的可持续发展。此外，与传统的项目制的公益模式不同，公益创投资助是非限定性的资金，即受资助的组织可以自主决定如何使用资金，但是这些非限定性的资助效果需要最终符合具体的绩效测量标准，即组织能够提升其内部能力，成为可持续发展的机构，服务于更多受助人，并且更有效地完成组织使命。

---

① 朱照南、马季：《公益创投的美国经验》，《中国社会组织》2016 年第 2 期。

在公益创投模式下，基金会进行资助时主要回答以下两个问题：

（1）基金会如何让资助对象获得组织层面的可持续发展？

（2）基金会如何监测和评估资助对象的社会效果？

三 案例：埃德娜·麦康奈尔·克拉克 基金会的转型①

接下来本文通过一个案例更加具体地呈现美国基金会从传统资助方式向公益创投方式转变的过程。

1. 基金会简介

埃德娜·麦康奈尔·克拉克基金会（Edna McConnell Clark Foundation，EMCF）成立于 20 世纪 50 年代，是美国最大的家族基金会之一。截止到 2010 年 9 月，基金会共有资产 8.13 亿美元，公益支出 3300 多万美元。

自成立以来，埃德娜·麦康奈尔·克拉克基金会主要通过传统的资助方式开展活动，通过项目制的方式对在扶贫、儿童和老年人等领域开展的社会行动提供支持。基金会每年进行项目筛选，通过评审 NPO 的项目申请书，对获选项目给予比较小额或中等额度的资金支持。例如，1996 年埃德娜·麦康奈尔·克拉克基金会共资助了 157 个项目，平均每个项目资助 16 万美元，其中只有 20 个项目超过 25 万美元，3 个项目超过 50 万美元。

2. 寻求改变

1996 年基金会任命了新的 CEO 迈克尔·贝林（Michael Bailin），贝林具有丰富的青少年发展领域一线 NPO 的从业经验。基金会的理事会希望通过任命贝林实现新的资助方式和发展方向的转变。

贝林上任之后，开始对基金会传统的资助方式进行反思：基金会资助的项目到底是否能够带来有效的社会改变？基金会是否形成了清晰的目标以及完善的标准去测量资助的效果？

贝林还发现，一些 NPO 为了获得基金会的资助，会偏离自身的核心使

---

① 该案例主要参考 Allen Grossman & DanieLCurran, *EMCF: A New Approach at an Old Foundation*, Harvard Business School, 2002。

命和行动理念，去迎合基金会的偏好，而这些项目可能并不真正符合它们寻求的变革路径，这种现象在整个公益慈善领域普遍存在。

通过对过去传统项目制资助方式的反思，贝林提出了新的资助方式。他认为基金会不能仅仅作为方法论的创造者，而应该更进一步，帮助提升NPO 自身的能力，让它们去按照自己认为正确有效的解决社会问题的方式去运作。也就是说，基金会应该从资助符合自身需求和理念的公益项目转变为对具有解决社会问题潜力的公益组织提供全面支持。

3. 转型受阻

1997 年贝林提出新的资助方式之后，受到了来自理事会和项目官员的阻挠。在埃德娜·麦康奈尔·克拉克基金会，项目官员多数具有在某一个具体领域多年的积累，他们与受助机构之间建立了密切的联系，他们往往最后成为受资助项目的守护者，因而无法客观地评价项目的社会效果。基金会的项目官员认为这种新方式与自己目前的工作并不兼容，因此对这一新方式并不感兴趣。而且，长期以来基金会的捐赠人与项目官员直接建立了非常紧密的信任关系，他们非常熟悉和适应原来的项目制资助方式。当新的资助方式要求不再资助项目而是资助组织后，捐赠人会非常关心原来的项目官员的感受如何。

新的资助方式的推行是一个非常艰辛和缓慢的过程，需要协调和处理各种内外部关系，重新整合和配置原有的人力资源。尽管转型痛苦和艰难，贝林还是坚持推动转型。因为他知道支持 NPO 层面的发展是一种更加有效的解决社会问题的行动模式。

4. 实现转型

2000 年，在贝林的带领下，埃德娜·麦康奈尔·克拉克基金会开始完全转变自身的资助方式。首先，基金会将其资助的领域聚焦到支持困境中的青少年群体；其次，基金会开始从资助项目转向资助整个组织，即支持那些能够证明其服务模式能够产生明显社会效果的优秀机构的可持续发展。与传统项目制的公益模式不同，埃德娜·麦康奈尔·克拉克基金会的资助是非限定性的，即受资助的组织可以自主决定如何使用资金，但是这些非限定性的资助效果需要最终符合具体的绩效测量标准，即组织能够提升其内部能力，成为可持续发展的机构，服务于更多受助人，并且更有效地完成组织使命。

2000 年埃德娜·麦康奈尔·克拉克基金会设立了"青年发展基金"（Youth Development Fund）去推行公益创投的新战略。基金会引入了商业领域投资人选择投资对象的方式，通过筛选组织的商业计划书、评估组织的潜力来决定最终将大额的资助投给哪个组织，并且形成了一套科学严格的绩效测量标准，去评价受资助组织每个阶段的社会效果。

（1）严格的尽职调查过程埃德娜·麦康奈尔·克拉克基金会与 Bridgespan Group 合作，Bridgespan Group 作为咨询机构帮助埃德娜·麦康奈尔·克拉克基金会开发了一套成熟的尽职调查程序，基金会需要对潜在的投资对象进行长达数百个小时的评估，包括组织的服务情况、财务健康状况、运作的可行性以及组织的领导和管理情况等。这一过程漫长而又深入，可以极大地增进基金会与 NPO 之间的关系。

在筛选投资对象的尽职调查中，基金会需要不断地追问以下一些问题：

- 该组织的服务模式是否具有竞争力，该模式的效果如何？
- 该组织是否有很强大的领导者和管理者？
- 该组织的财务情况和运作情况如何？
- 该组织是否能够跟进监督自身的成就，并且运用数据做出更好的决策？
- 该组织是否与基金会自身的新方式契合？

（2）支持不同阶段的组织发展基金会公益创投的资助方式建立在一套科学严格的绩效测量标准之上。基金会可以支持处于早期阶段、发展阶段和可持续成长阶段的 NPO 的发展。基金会希望通过支持处于三个发展阶段的各类组织，建立组织可持续发展的支持路径，通过公益创投这样的资助方式可以帮助整个行业形成一种成果导向的、可持续的、可规模化的组织发展体系。

支持处于早期发展阶段的 NPO 是公益创投的一个重要特色，也是基金会投资谱系的基础阶段。尽管这个阶段很多 NPO 还没有进行外部评估确定其社会影响，但是需要其通过内部评估呈现其项目的有效性。领导人需要有一个组织成长的记录，并且对未来的发展有清晰的愿景。

对处于成长阶段的 NPO，需要满足埃德娜·麦康奈尔·克拉克基金会的要求，通过外部的独立第三方评估机构提供具有说服力的证据证明其行动模式的有效性，并且组织需要证明其有足够的管理能力、健康的财务状况和成熟的发展模式。

处于可持续发展阶段的 NPO，需要通过严格的实验科学地证明其项目的有效性。其项目模式有巨大的财务可持续的潜力，即具有稳定的公共或私人资金来源。这些组织将会快速地发展，覆盖大量的服务人群，并改变他们的生活方式。

基金会的资助目的是帮助组织通过三个阶段的发展提升能力，最终变成一个可持续发展的组织。

（3）全程支持陪伴为了跟进受资助机构的表现和成长过程，基金会和受助机构共同设立衡量标准，基金会的投资组合管理者需要管理每一个资助关系，监测绩效，并通过专家顾问为组织提供直接的帮助。除了非限定性的资金支持，基金会通常也会提供非财务的支持，例如战略规划、理事会发展、同行交流学习、协助评估、信息沟通和技术支持等。

最终受助组织实现规模化、可持续发展，基金会就可以退出这种关系，再去寻找下一个值得资助的组织。这与商业领域的投资关系很像，只不过基金会撤出的不是资金，而是一种陪伴成长的关系。

5. 公益创投的效果

通过公益创投，埃德娜·麦康奈尔·克拉克基金会将更多的钱投到了更少的组织，而每个组织平均可以得到超过 200 万美元资助，资助的期限都超过 3 年。截止到 2010 年，埃德娜·麦康奈尔·克拉克基金会通过公益创投的方式共资助了 33 个 NPO 超过 2.2 亿美元，这些组织的服务范围覆盖全国 50 个州。

埃德娜·麦康奈尔·克拉克基金会从一个采用传统资助方式的基金会变成一个引领非营利部门并采用创新型资助方式的基金会。除了转变自身的资助方式外，埃德娜·麦康奈尔·克拉克基金会还联合更多的基金会一起参与公益创投。埃德娜·麦康奈尔·克拉克基金会通过设立 GCAP 项目联合 3 家基金会共同资助具有可持续发展潜力的非营利组织。

此外，2010 年夏天美国政府将埃德娜·麦康奈尔·克拉克基金会作为 9 家中介机构之一参与社会创新基金（Social Innovation Found, SIF）。[①] 作为中介机构埃德娜·麦康奈尔·克拉克基金会需要按照3:1的比例配比政府资金，并且负责管理和分配这些资金。通过全国范围的筛选，225 家组织申请，最终该基金会选择了 9 家 NPO 进行资助。

SIF 的运作可能改变美国整个公益行业的运作方式，因为将公共资金和私人资金联合起来共同资助那些具有社会效果的方案，这是重要的创新。我们相信公私合作的力量可以更好地推定社会问题的解决。

作为社会创新基金的中介机构，埃德娜·麦康奈尔·克拉克基金会将公益创投的做法进一步推广，获得更多基金会和政府的认可。通过这种公私合作方式推广了绩效导向、创新和组织可持续发展等理念与实践。

四　思考中国基金会公益创投的本土路径

近些年，中国一些地方政府、基金会、投资人也在推行公益创投的理念和实践，而我们发现中国的公益创投与美国相比存在较大的不同。我们在学习和借鉴美国公益创投经验的同时，需要结合本土公益实践和社会环境，才能有效促进本土的社会组织发展，推动社会创新。

南都基金会的"景行计划"是中国基金会实践公益创投理念的典型。"景行计划"对组织连续性的非限定资金支持，为很多具有潜力的社会组织提供了资金保障和技术支持，让它们提升组织能力，产生更大的社会效果和社会影响。

---

① 2009 年，奥巴马总统签署了《爱德华·M. 肯尼迪服务美国法案》（Edward M. Kennedy Serve America Act），并且创立了社会创新基金（SIF），联邦政府通过设立这一基金去推动那些为国家进步和改变带来重大影响的新方式。这是一种公私合作的创新模式。2010 年美国国会批准了 5000 万美元注入 SIF，在 2010 年 7 月 EMCF 和其他另外 10 家组织成为 SIF 的中介组织，并且获得了其中最大的一笔资金 1000 万美元。

通过"景行计划"的支持，成都爱有戏社区文化发展中心在 3 年时间内不仅实现了组织规模的快速扩大、组织能力的提升，而且形成了一种较为成熟的社区发展模式并向社会推广。目前爱有戏社区文化发展中心已经成了当地政府购买服务的主要承接者，其中现有项目资金中，约 3/4 是政府购买服务资金；成都市的城市社区治理改革，爱有戏社区文化发展中心是最重要的承接方之一；雅安市政府出资 1.2 亿元用于购买小型社会组织的服务，爱有戏社区文化发展中心作为社会组织能力建设机构参与其中。①

再如，慧灵智障人士社区服务机构（以下简称慧灵）通过接受"景行计划"的支持也获得了迅速的发展。慧灵通过将社工理念落实到具体的服务工作中，逐渐探索出了一套自己的服务模式。"景行计划"希望通过资助将这种服务模式进行总结和推广。"景行计划"的资助促使慧灵将自己多年实践探索的模式进行梳理总结，由原来的理念阶段、服务模式创新探索阶段最终进入服务规范的形成阶段，形成了一个价值理念、服务创新和规范运作三位一体的服务模式。从规模的扩张来看，3 年来，慧灵的服务机构已经从 14 个城市覆盖到目前 20 多个城市，服务覆盖的人群迅速扩大。②

从"景行计划"我们看到，中国基金会在探索和实践公益创投的过程中形成了自己本土化的方式，也取得了良好的效果。但是我们也需要思考中国基金会在推行公益创投的过程中可能面临的问题。

首先，中国目前 NPO 中可以进行规模化推广的成熟服务模式不多，一些模式也仅仅处于雏形阶段，这就需要中国的资助型基金会有更多的耐心去陪伴组织的成长，给予组织更多的支持。

其次，在公益创投中对于组织社会效果和社会影响力的测量需要根据本土特色进行思考，不可一味量化，而是要形成逻辑合理的测量体系。

再次，在中国政府购买服务的大背景下，基金会需要思考如何与政府形成合力，共同推动中国社会组织的发展和中国社会治理模式的转型。

---

① 陶传进等：《景行计划评估报告》，南都基金会资助，2016。
② 陶传进等：《景行计划评估报告》，南都基金会资助，2016。

推动基础设施建设：中美影响力投资面临相同挑战[*]

所谓"影响力投资"，主要包括两个部分，即"投资"和"影响力"。我们先来看看"投资"。基金会（资助型基金会）主要通过对其他运作型组织提供资助的方式完成公益使命，实现社会效益。然而，多数基金会每年用于公益支出的资金只占其总资产的很小一部分。以比尔和梅琳达·盖茨基金会为例，基金会拥有 300 亿美元总资产，但是每年只支出 15 亿美元用于公益使命[①]，其大部分的资产并未直接用于资助非营利组织，而是通过购买股票或债券的方式进行投资。影响力投资的概念就起源于基金会应该如何更加有效地管理和使用它们的资产，以产生更大的社会效益。接下来我们看看"影响力"这一个概念。当我们评价一个商业机构的"影响力"时，我们主要看其售出了产品的数量。例如，我们说苹果公司有很大的影响力，就意味着有很多人购买其产品。而当我们讨论"影响力投资"时，我们更多地谈论的是"社会影响力"，即社会价值的实现，例如有更多的儿童能够完成学业、降低犯罪率、提升就业率等。因此，这里最关键的问题是如何将二者结合起来，在取得商业回报的同时又产生社会价值。例如，在印第安纳有一个超市全食超市（Whole Foods）声称只出售健康食品，在获得财务回报的同时推动健康饮食，我们将其创造的价值称为"混合价值"。因此，"影响力投资"是指通过投资以实现商业价值和社会价值的融合。Lenkowsky 教授首先对影响力投资的概念进行了澄清。

实际上，影响力投资的方式多种多样，例如尤努斯的格莱珉银行贷款

---

* 原文刊发于《中国社会组织》2016 年第 12 期。

① 根据 Guidestart 数据，比尔和梅琳达·盖茨基金会目前的总资产为 \$41310207525，支出 \$4208158857。

给贫困妇女是一种影响力投资；一个基金会以低于市场利息的方式贷款给一个 NPO 也是一种影响力投资；像扎克伯格这样的富豪成立公司去投资能够产生社会价值的企业，这也是一种影响力投资。

目前，影响力投资的概念在美国非常流行，然而其实这样的投资形式早在 100 多年前就已经存在。比如当我退休的时候，我的退休金来自一个叫做美国教师退休基金会（Teachers Insurance and Annuity Association，TIAA）的公司，这个机构是 100 多年前由卡内基创立的。当时美国各个高校财务比较紧张，没有针对教师的养老金项目，于是卡内基设立了这个为高校教师提供养老保险的机构。这个机构和其他的保险公司运行模式相同，资金来自教师的部分工资，然后公司用这些资金进行投资，获得的收益回馈给教师养老。这个机构最初是一个非营利组织，后来由于商业上的成功逐渐成为一个营利性组织。这其实就是一种影响力投资。

虽然影响力投资并不是一种全新的事物，但是现在的影响力投资在某种程度上有了新的方式，也注入了新的元素。

第一，对基金会而言影响力投资对象的范围日益扩大。美国 1969 年颁布税收改革法案（The Tax Reform Act of 1969），规定基金会可以进行项目相关投资（Program Related Investment，PRI）[1]，PRI 的出现使得影响力投资在 50 年前就成为可能。此外，基金会投资 L3C（Low-profit Limited Liability Company）[2] 机构也可以作为慈善目的的支出。目前美国已经有 30 个州和哥伦比亚特区通过了关于共益公司（Benefit Corporation）[3] 的认证，共益公司认证的出现也为影响力投资提供了更多机会。

---

[1] 美国 1969 年的税收改革法案要求基金会必须每年支出不少于其总资产的 5% 用于慈善目的。项目相关性投资和传统的基金会赠款相似，其主要用于慈善事业，即促进基金会获得免税资质的领域，因此使用这种方式的基金会会首先考虑社会效益，其次才是低于市场均值的经济回报率。

[2] 低利润有限责任公司普遍被认为是兼具营利和非营利性质的混合型机构，以社会公益为主，以利润为辅，在责任和税收方面与传统有限责任公司没有区别。

[3] 共益公司是一种新型的营利性法人，它自愿实现一定标准的公益价值。具体来讲，共益公司要满足以下要求：①企业的目标之一是创造积极的社会和环境影响力，②企业的决策不仅要考虑股东利益，还要考虑对员工、社区和环境的影响，③提交并公示公益年报，按已被社会认可的第三方标准来全面评估自己的社会和环境影响力，比如 B Lab、GIIN、美国中小企业管理局的标准都可以。

第二，越来越多的商业投资机构开始关注影响力投资。正如安东尼·巴格－莱文（Anthony Bugg-Levine）和杰德·艾默生（Jed Emerson）在其著作《社会影响力投资：创造不同，转变我们的赚钱思维》（*Impact Investing: Transforming How We Make Money While Making a Difference*）一书中所强调的，传统的商业公司主要是获得财务回报，而对于影响力投资机构而言其面临的主要挑战是如何平衡社会回报和财务回报。

第三，对于很多 NPO 而言，影响力投资是其获得资助的新型方式。筹款是 NPO 获得资助的传统方式，而这种方式往往是低效率的，有效公益的理念是希望通过投资的方式提升 NPO 的运作效率以产生更大的社会效益。一个 NPO 如果希望获得投资，就需要证明自身项目的有效性。

虽然影响力投资的理念广泛流行，但是在美国这一领域的发展依然面临诸多挑战。

第一，很多对社会公益感兴趣的捐赠人更愿意直接资助 NPO 而不是进行风险投资。尽管有近一半的美国基金会声称进行了项目相关投资，然而据统计全美基金会只投入了 2% 的资产用于项目相关投资。所以，尽管基金会对投资感兴趣，但是它们并不愿意真的投入资金。这主要是因为，基金会和其他所有的投资者一样会衡量投资的风险，而往往出于社会目的的活动风险过高。

第二，目前的法律法规阻碍了影响力投资和慈善事业的发展。美国不同的州有不同的法律，例如在印第安纳州，在 2015 年之前，如果一个公司投资的目的不是使股东利益最大化，那么它就违反了法律，公司的责任就是让股东获得收益。当然，2015 年印第安纳州修改了法律，设立了公益企业，成为美国允许混合价值公司存在的 30 个州之一。但是依然有一些法律限制了影响力投资，例如规定基金进行项目相关投资时必须满足两个条件：第一，必须与自身的使命和价值相关；第二，只能获得低于市场均值的经济回报，因为基金会不能从事营利性活动。

第三，公益领域的很多从业人员缺乏投资的专业性。例如，我们发现对 L3C 的投资中，大部分来自私人投资者而不是基金会。公益领域的工作人员专业性的欠缺导致他们更愿意沿用传统的方式对 NPO 进行资助，而不是投资于新型的社会企业。

第四，影响力投资的市场不健全，缺少投资机会。一个投资的完成既需要有投资人，也需要有被投资机构可以供投资者有效地使用这些钱。尽管在美国有数量庞大的 NPO，也有越来越多的法律法规保证社会企业的地位，但是可供影响力投资机构选择的社会企业数量依然有限。

第五，影响力投资领域缺少基础信息渠道和测量体系。当投资人投资一个企业时，可以根据其年度报告和利润报告等材料决定是否对其进行投资，而在影响力投资领域缺少这样的全面的信息。在商业领域有成熟的测量体系可以评估不同企业的优劣，而在公益领域没有这一测量体系。我们没办法测量不同使命的 NPO 之间的优劣，例如一个 NPO 是关注提升儿童阅读能力的，而另一个是关注提升儿童科学素养的，那么怎么衡量二者的社会效益？投资人没有可以依据的标准去进行选择和投资。目前 Global Impact Investing Rating System 在试图建立这样一个评价体系，但是还很难说其是否取得了成功，能否得到更多人的接受和认可是这一体系确立的关键。

那么为了促进整个行业的发展，建立影响力投资领域的基础设施最关键的步骤是什么？关于这一问题有不同的观点，Lenkowsky 教授认为首先应该建立测量社会价值的标准和体系。他指出目前已有的一些关于社会价值的测量标准并未被广泛接受。社会价值很难衡量，在商业领域我们可以根据其盈利状况进行衡量，而在公益领域，有人根据其是否实现社会使命来衡量，而社会使命又很难界定；也有人根据一个项目是否节省了政府的财政支出来衡量，这就是社会影响力债券的理念；另外有人测量项目是否建立了社区共同体，例如一个垃圾回收项目不是测量其回收垃圾的数量，而是评价其是否建立了社区基础的垃圾回收小组。但是，目前依然没有形成一个被广泛接受的测量标准和测量体系。他也提到了社会股票交易市场这一新的金融形式，推动基于社会目的的企业可以通过发行股票的方式获得更多的非公益资金。

Lenkowsky 教授认为中国目前也面临相同的挑战，要建立影响力投资的基础设施。如培育和健全影响力投资生态体系，即需要产生更多的基于社会目的的组织，为投资人提供影响力投资的机会；探索建立一套社会影响力评价体系，以实现社会价值的可测量、可比较、可交易；还需要完善影响力投资相关法律和政策，鼓励基金会和商业投资机构投资于基于社会目的的机构。而要推动这些基础设施的建设还需要大量人才，既包括具有商业背景、了解专业投资的人才，也包括具有公益背景、了解 NPO 运作的人才，或者是二者的结合。

后 记

当把书稿交到出版社的时候，距离书中第一个案例的调研已过去了两年半之久。2014 年 7 月到 2015 年 7 月间，我有幸获得国家留学基金委的资助，在美国非营利组织管理专业排名第一的印第安纳大学访学一年。

在我访学出发前，我所工作的深圳市社会科学院的领导们，没有给我任何的任务和压力，唯一的嘱咐就是照顾好自己和孩子，注意安全。于是，我没有发表英文论文的压力，没有回国后用英文授课的压力，也没有为单位引进外籍人才的压力。在这样轻松的状态下，我在想如何让自己的访学生活更加有意义。

我总觉得，在互联网时代，在国内也可以听到国外教授授课，更能检索到各种英文文献，除了像其他访问学者一样听课、看文献，我可以做一些只有在美国才能做的事情。刚好在入学之初，我的合作导师 Lenkowsky 教授就介绍我参加创办中国公益研习社（Chinese Nonprofit Study Association），在 2014 年 9 月，我就跟随研习社的中国同学们到了门罗县联合会（Monroe County United Ministries）这个机构调研。这次的调研给我很大启发，也使我信心百倍，我完全有能力独立在美国进行调研！而这样的一手资料只能在美国获得，是听课和读文献所不可替代的。

于是，我通过 Google Map、GuideStar 等检索我所在的布鲁明顿小镇的各种非营利组织，通过各个机构的官网找到负责人的联系方式，给负责人发送邮件，预约调研，通常一周内会得到回复，两周内会安排访谈，基本上所有的访谈都是直接面向机构一把手的。回国后，我常说，仅仅这一过程就足以让我感动了。在国内调研基本上靠政府安排和熟人牵线，调研前期的沟通过程往往耗时而烦琐，几乎不可能通过官网按图索骥直接联系到机构第一负责人。

多次陪我一起调研的乔鸿老师，在一次访谈后说，这么丰富的调研资料，可以写点东西呢。乔老师的一句话点醒了我。每一次调研从联络沟通到前期了解组织资料，到后期整理，都要耗时一到两周，这些资料如果整理出来，可以发挥更大的价值。于是我陆陆续续地把调研资料整理成一个个案例，发表在《中国社会组织》等国内期刊上。这些案例也是本书的原型。

我与本书的另一位作者朱照南，在印第安纳大学求教于同一个合作导师，两人访学时间刚好错开，虽神交已久，但直到 2016 年末才第一次见面。2015 年我回国后，照南开始在美国的访学生活，我在国内时常读到照南访学中的大作，于是考虑跟她一起把访学成果结集出版。

我在美国访学期间的调研基本上局限于我所生活的印第安纳大学布鲁明顿校区所在的小镇，所调研的机构大都是一些传统的社会服务机构；而照南所撰写的文章则展示了美国在公益慈善、社会创新领域的最新成果。起初，面对若干独立而分散的案例，我们不知用怎样的逻辑关系把它们有机整合在一起。但慢慢地，在不断的"头脑风暴"中，我们的思路逐步清晰起来，我和照南所展现出来的一个个案例，恰好是从多个角度展现出美国公益的不同侧面。我们的调研恰恰说明，传统服务与现代创新并存，它们合在一起，才是真实的美国公益图谱。

在这样的思路指导下，我们分头对过去的文章和资料进行补充、修订和更新。目前为大家呈现的四篇中，前两篇主要由我来执笔，其中的《社区公益引擎之社区基金会》一文，也将照南的一篇相关文章结合其中；后两篇主要由照南执笔，其中的《居者有其屋》一文由我执笔。

特别感谢印第安纳大学的博士生马季为本书撰写引言。作为在美国研读非营利组织管理的博士生，马季研读了大量非营利组织相关的文献，从宏观角度高屋建瓴地梳理了美国公益发展脉络，提升了本书的理论高度。感谢上海外国语大学的俞祖成老师为本书书名提供建设性意见，把原本冗长复杂的书名修改得简练精准，可谓画龙点睛。感谢中央民族大学的李健老师联络资源，为本书序言和筹款信的翻译提供帮助。

感谢北京师范大学的陶传进教授为本书写序。我在刚刚踏入非营利组织研究领域时，就有幸跟随陶老师出差调研，本科论文及平生发表的第一篇学术论文就是在与陶老师调研讨论后完成的。同时，陶老师是照南的硕士和博士阶段的导师。我和照南，都非常幸运地在学术道路、人生方向上得到陶老师的很多指导和启发。

在美国一年的访学生活中，我留下了一段愉快而美好的回忆。感谢导师 Leslie Lenkowsky 教授，他为人正直，治学严谨，我从他身上感受到美国教授的风范。特别感谢 Lenkowsky 教授百忙中为本书写序，对参与中国公益事业的年轻人提出殷切希望。感谢印第安纳大学中国公益研习社的马雷、康昱曦等小伙伴，她们让我走出调研第一步；感谢印第安纳大学优秀的博士生程远、一同访学的乔鸿老师一起参与调研；感谢英语专业的周恩老师多次陪我调研，给我在交通、语言等多方面的支持和帮助，并对本书多个机构名称的译文提出建设性意见；感谢本书中写到的中国访问学者的好朋友 Doris，她的一言一行堪称美国志愿者的典范；感谢闺蜜露明，本书写到的走路筹款、在教堂做志愿者等活动，都有我们共同的回忆；感谢在访学期间结识的李俐玫、李艳、彭双河、韩志伟、倪娜等来自全国各地高校的老师们。当然，更要感谢所有接受过我访谈的美国印第安纳州布鲁明顿小镇的非营利组织的负责人。

感谢我的女儿，在美国的一年，如果没有她的陪伴，那生活将会多么单调乏味，相关的公益体验也会大打折扣。因为有了调研，我为她找到了理想的晚托班和夏令营；因为有了她，我可以以受益对象的身份体验公益服务；也因为有了她，我可以了解美国孩子们的公益活动。

感谢我所工作的深圳市社会科学院的张骁儒院长、王为理副院长、陈少兵副院长、罗思主任、李朝晖所长、刘婉华副主任等领导，是他们的支持才让我有一年的时间在美国访学；也是他们的支持，才使本书获得"深圳学人文库"学术著作专项资助，得以顺利出版。

感谢社会科学文献出版社社会政法分社的王绯社长、单远举编辑，他们一一指出每一个细小的问题，努力推进此书的出版进程，为本书的编辑出版付出了辛勤的劳动。

本书并不是一部学术著作，没有试图介绍美国非营利组织的整体制度设计和发展规模。我们只是希望本书反映出两位访问学者眼中的、切身体会到的美国公益生活的不同侧面。这若干个不同的案例和细节，可以让读者管中窥豹，触摸到枯燥的数据及严密的法律法规背后的、富有人情味的组织和活动，近距离地感受到美国公益的魅力。

徐宇珊

2017 年 5 月 9 日

图书在版编目（CIP）数据

美国公益图谱：从传统到现代 / 徐宇珊，朱照南著
. -- 北京 ：社会科学文献出版社，2017.5
（深圳学人文库）
ISBN 978 - 7 - 5201 - 0811 - 9

Ⅰ.①美… Ⅱ.①徐… ②朱… Ⅲ.①公用事业 - 研
究 - 美国 Ⅳ.①F299.712

中国版本图书馆 CIP 数据核字（2017）第 102981 号

·深圳学人文库·

美国公益图谱：从传统到现代

著　　者 / 徐宇珊　朱照南

出 版 人 / 谢寿光
项目统筹 / 王　绯
责任编辑 / 单远举

出　　版 / 社会科学文献出版社·社会政法分社（010）59367156
　　　　　　地址：北京市北三环中路甲 29 号院华龙大厦　邮编：100029
　　　　　　网址：www. ssap. com. cn
发　　行 / 市场营销中心（010）59367081　59367018
印　　装 / 三河市东方印刷有限公司

规　　格 / 开　本：787mm × 1092mm　1/16
　　　　　　印　张：11.75　字　数：174 千字
版　　次 / 2017 年 5 月第 1 版　2017 年 5 月第 1 次印刷
书　　号 / ISBN 978 - 7 - 5201 - 0811 - 9
定　　价 / 58.00 元

本书如有印装质量问题，请与读者服务中心（010 - 59367028）联系

▲ 版权所有 翻印必究